Die Freiheit Der Philosophischen Forschung In Kritischer Und Christlicher Fassung

Carl Braig

Vorbemerkung.

Die nachstehende Rede ward in der Universitäts-
aula zu Freiburg, am Abende des 5. Juni d. J. gehalten. Um die Geduld seiner Zuhörer nicht über
Gebühr in Anspruch zu nehmen, hat der Verfasser
bei dem mündlichen Vortrage den Eingang und den
Schluss, neben etlichen Untertheilen, wovon einer die
Grundzüge der Kantschen Religionsphilosophie gibt,
übergangen. Hier ist der Inhalt so mitgetheilt, wie die
Rede niedergeschrieben worden.

Wer einen Gegenstand von der principiellen und
actuellen Bedeutung, welche meinem Thema zukommen
dürfte, in Angriff nimmt, dessen Ausführungen müssen
auf die verschiedenartigsten Beurtheilungen und Deu-
tungen gefasst sein.

Ich nehme Anlass, auf Aeusserungen, die zwar von
gegnerischer Seite kommen, aber in freundlichem Tone
gehalten sind, an diesem Orte zu erwidern.

Es wird mir gesagt:
1. Während Kant im „Streit der Facultäten" für
die Philosophie eine unbegrenzte Freiheit der Forschung
verlangt und fordert, dass auch die Theologie mit
den wissenschaftlichen Forschungsergebnissen nicht in

Widerspruch gerathen dürfe, verlangt das Vaticanum,
die freie Forschung solle vor den Glaubenssätzen der
Kirche „Halt machen".

2. Sonach ist klar, dass es sich zwischen der Wissenschaft und der Kirche um „zwei ganz verschiedene
Freiheitsbegriffe" handelt: dort sind die selbstgemach-
ten Denknormen, hier die gegebenen Glaubensnormen
die Freiheitsregeln.

3. Darum wird der Begriff der „freien Forschung"
im christlich-dogmatischen Sinne für den Forscher auf
philosophischem Standpunkt immer gleichbedeutend
sein mit der „Fesselung der freien Forschung", wie
er, der Philosoph, sie versteht.

4. Darum muss die Wissenschaft ein Recht der
Kirche, die Dogmen dem Denken als negative Orien-
tirungsnormen vorzuschreiben, „unbedingt verneinen",
wenn der philosophische Forscher „mit seinen Anschauungen von dem, was Wissenschaft ist, nicht in
Zwiespalt gerathen soll".

5. Darum, schliesst der Gegner, ist zwischen ihm
und mir eine Verständigung unmöglich, nach dem alten
Schulsatze: „Contra principia negantem non est disputandum."

Damit sind einige der Aus- und Ansprüche genannt, welche gewohntermassen gegen die Freiheit
der christlichen Wissenschaft im Namen der
Wissenschaft vorgebracht werden. Auf wissenschaftliche
Gründe sind die An- und Aussprüche nicht gestützt.

Erstens ist es unrichtig, wenn gesagt wird: die
Kirche, das Vaticanum, verlangt im Gegensatze zu
Kants Forderungen, dass das Denken mit seinen

„wissenschaftlichen Forschungsergebnissen" vor den christlichen Dogmen Halt machen solle.

Nein! Im Grund handelt es sich nur um ein Dogma. Es ist der positiv und unzweideutig festgestellte biblisch-theistische Gottesbegriff. Derselbe ist negative Orientirungsnorm des Denkens. Positiv muss der Satz allerdings in seinem Inhalte sein. Denn soll er eine norma cavendi sein können, so muss doch etwas in und mit dem Satze gesagt sein! Die christliche Autorität kann ebensowenig als das natürliche Denken zuerst und allein das Nein formuliren. Nur Ja vor Nein gibt Theologie und — Philosophie! Das Christenthum macht die letzte Antwort, welche das logische Denken auf die philosophischen Fragen hat, zur ersten Antwort, welche der Glaube gibt auf die theologischen Fragen.

Nun verlangt die Kirche, dass die Gelehrsamkeit gegenüber dem Satz und Grundsatze des Theismus nicht sogenannte Forschungsergebnisse der Wissenschaft als wirkliche Erkenntnissresultate geltend mache.

Mit bewiesenen und eigentlichen Wahrheitssätzen der Wissenschaft ist das Christenthum noch immer zurecht gekommen, und sie werden mit den wirklichen Dogmen des Glaubens so wenig je zusammenstossen als Teleskop und Spektroskop jemals an den Sonnenkörper anstossen werden.

Unrichtig ist es zweitens, wenn gesagt wird, dass ein doppelter Freiheitsbegriff zwischen christlicher und negativer Wissenschaft schwebe.

Zunächst lassen wir uns von dem Abstractum „Wissenschaft" nicht imponiren.

Thatsächlich sind es die Vertreter dieser oder
jener Wissenschaft, der Geschichte, der Natur-, Heil-,
Rechtskunde u. s. w., welche die sogen. Endresultate
ihrer Forschung mit der Marke irgend eines philosophischen Namens versehen. „Monistisch" ist heute die
beliebteste Marke. Ich könnte noch nennen: „Evolu-
tionistisch, Positivistisch, Materialistisch, Darwinistisch",
aus älterer Zeit: „Spiritualistisch und Naturalistisch,
Idealistisch und Realistisch, Dualistisch und Deistisch,
Kritisch, Rationalistisch" u. s. f. Den Vertretern der
jeweiligen Philosophien überlässt man die Aufgabe, die
Rechtstitel für die entsprechenden Namen zu begründen. Im Namen der „Wissenschaft", des „Denkens"
fordern die Philosophen dann die Freiheit für sich, ohne
jegliche Rücksichtsnahme ihre „Weltanschauungen" vortragen und vertheidigen zu dürfen.

Nun tritt neben die monistische und materialistische,
naturalistische und spiritualistische, dualistische, kritische, skeptische, agnosticistische, nihilistische, kurz
neben die anti-theistischen Philosophien tritt die
christliche Philosophie und erhebt nicht einen weiter-
gehenden, sondern genau denselben Freiheitsan-
spruch wie jene, denjenigen nämlich, ihren Standpunkt
allseitig und auch ohne jegliche Rücksichtsnahme begründen und vertreten zu dürfen.

Versteht, was allerdings meistens der Fall ist, die
„Wissenschaft" unter Forschungsfreiheit die Befugniss,
den Satz ohne Begründung hinstellen zu dürfen: der
Theismus ist unbewiesen und unbeweisbar — dann
freilich haben die nichtchristliche und die christliche
Wissenschaft verschiedene Begriffe von „freier Forschung".

Sieht man aber genau zu, so liegen hier nicht verschiedene **Freiheits-**, sondern verschiedene **Wahrheitsbegriffe** zu Grunde. Die christliche Philosophie fordert das Freiheitsrecht für sich, im Widerstreite der Weltanschauungen alle Standpunkte rückhaltslos prüfen und den ihrigen, nachdem er begründet ist, rückhaltslos geltend machen zu dürfen. Die negative Philosophie geht von dem Dogma aus: den principiellen Standpunkt einer Weltanschauung in christlich-theistischer Fassung darthun, ist „wissenschaftlich" unmöglich.

Wo nun eine Verrückung des Freiheitsstandpunktes statthat zu Gunsten einer vorgefassten Ansicht von der „Wahrheit"; wo subreptiv der Gegner mit anderem Masse, als man für sich hat, gemessen werden will; wo man sich, bevor es zur Entscheidungsschlacht kommen darf, einen nicht logischen Vortheil zu sichern sucht: das und ähnliches bedarf keiner Auseinandersetzung. Nachdrücklich möchte ich aber auf den versteckten Grund hinweisen, welcher einen unterschiedlichen Freiheitsmassstab führen lehrt. Während ich unter philosophischer Freiheit das ehrliche Recht verstehe, in den Principienkampf eventuell auch zu Gunsten des Theismus einzutreten, hält der Gegner den Kampf „im Grunde" schon für entschieden mit einer Niederlage des Theismus.

Mit dem Bisherigen habe ich das Inhaltliche der obigen Ziffern erledigt. Ich verstärke meine Ausführungen durch einen zweifachen Hinweis auf das Formelle.

Erstens wird — und zwar nicht bloss in meinem Falle, sondern recht vielfach — von der „freien Forschung" geredet, „wie der Philosoph sie versteht und verstehen soll", wird „freie Forschung" gefordert, wenn der Philosoph „mit seinen Anschauungen von dem, was Wissenschaft ist, nicht in Zwiespalt gerathen soll".

Habe ich nicht recht, wenn ich sage: die negative Wissenschaft hat ihre „Anschauungen", ihre subjectiven Voraussetzungen, nach welchen der Begriff von der Freiheit der Forschung a priori gemodelt ist? Habe ich nicht Grund, zu betonen: wenn es sich, auf der negativen Seite, um die „Freiheit" handelt, wird Berufung eingelegt an das Abstractum „Wissenschaft", und wenn man nach dem Inhalte der „Wissenschaft" fragt, dann wird das Abstractum „Freiheit" in Anspruch genommen, um den Inhalt feststellen zu können?

Was ist der Inhalt der „Anschauungen", welche den Begriff der „Wissenschaft", welche den Massstab der „Freiheit" constituiren?

Uns sagt die negative „Wissenschaft" nur, dass unser Wissenschaftsbegriff eben nicht der Begriff der Wissenschaft sei. Welches der richtige und welches der ihrige sei, sagt uns die Gegnerin nicht; dass der ihrige der richtige sei, beweist uns die Gegnerin nicht.

Wenn aber die eigenen Schüler in die Meisterin dringen und mit ihrem Drängen nicht nachlassen? Dann wird die Meisterin am letzten Ende unwillig, und die unbescheidene Wagnerfrage bekommt die Faustantwort zu hören:

„Wenn ihr's nicht fühlt, ihr werdet's nicht erjagen!"

Es mag sich jetzt der „arme Thor", nachdem er alle vier Facultäten „durchaus" studirt hat, an dem sonnenklaren Doppelsatze genügen lassen:

„Es irrt der Mensch, solang er strebt" — aber:
„Ein guter Mensch in seinem dunklen Drange
Ist sich des rechten Weges wohl bewusst!"

Die „Wissenschaft" irrt, wenn sie das, was sie zu „fühlen" meint, ohne es „im dunklen Drange" sagen zu können, „Principien" nennt.

Darum muss ich es zweitens formell ablehnen, wenn gegen die christliche Philosophie und gegen meine Vertretung derselben der „alte Schulsatz" angerufen wird: „Contra principia negantem non est disputandum."

Der Schulsatz hat seinen guten, seinen vortrefflichen Sinn. Aber der Satz will historisch richtig angewendet sein!

Er bedeutet: „So jemand die Grundlagen und Grundregeln des Denkens, so jemand die Denkprincipien der Identität, der Causalität, des ausgeschlossenen Dritten u. s. f. läugnet, dann ist gegen ihn nicht zu streiten."

Von selber leuchtet ein, dass, wer die Denkelemente und Denkinstrumente negirt, weder als Defendent noch als Opponent in eine Disputation eintreten kann. Gerade weil ich aber die Denkprincipien anerkenne und für mich in Anspruch nehme, kann ich gemachte Normen nicht auch als Principien gelten lassen, kann ich dem, was vorerst bloss Bestreitung meiner Principien ist, nicht unbesehen Principienwerth zutrauen.

Lassen wir die Principiensätze stehen, die wir ohnehin nicht erschüttern können! Alsdann werden wir uns verständigen. Verständigung zwischen negativer und positiver Wissenschaft ist aber nicht gleichbedeutend mit der Niederwerfung der letztern. Die Macht,

zu unterwerfen, wohnt den negativen Principien solange nicht ein, solange sie, fragt man sie, mit dem
Faustmodus antworten: Eritis, sicut Deus, scien-
tes. . .

Urtheile, die Principienwerth haben, die nicht Verheissungen sein wollen, stehen im Präsens. —

Soviel glaubte der Verfasser seinem Vortrage vor-
ausschicken zu sollen. Im übrigen darf er die kritischen und literarischen Nachweise für diesmal in
seinen Concepten zurückbehalten.

Freiburg i. Br., 6. Juni 1894.

Carl Braig.

Hochansehnliche Versammlung!

Von den drei Sternen, die kurz nacheinander ob dem Lieblingssitze der alten Götter aufgegangen, hatte der erste seinen Mittagsbogen durchmessen. Die Sonne, welche der politischen Grösse von Altathen geleuchtet, neigte die Bahn. Perikles war todt.

Der andere Stern am attischen Himmel stand im Zenith. Die Kunst war auf dem Gipfel der Entwicklung. Phidias und Sophokles lebten nicht mehr. Die Werke der Meister aber gaben ihren Glanz, und der Schönheit Nachglanz sollte dauern, noch unsere Tage zu verklären.

Das dritte Gestirn, die griechische Wissenschaft, war in siegreichem Aufsteigen begriffen. Zwar hatte Sokrates der grimmen Widersacherin aller Weisheit erliegen müssen. Der Jünger der freigebornen Wahrheit war gefallen vor dem Ansturm eifervoller Blindheit. Nicht die Sittlichkeit, eine engbrüstige Sitte hatte gewähnt, die Wahrheit dürfe nur die Sklavin des Nutzens sein; nicht die Frömmigkeit, ein verfolgungssüchtiger Wahnglaube hatte gemeint, die Wahrheit dürfe nur die Dienste der Magd leisten, der Magd, welche vom staatserhaltenden Gedanken für sich zu Schutz und Trutz erkauft, erzogen und geschult worden. Allein als Sokrates getödtet war, nahm Platos Geist den Adlerflug ins Ideenland. Das Auge des „Gött-

lichen" erschaute die Urbilder des Wahren und des
Guten, der Freiheit und des Rechtes, des ewigen Gesetzes und des ewigen Daseinszweckes für alle Wesen
in der Zeit. Der idealste Denker des Alterthums war
zugleich sein grösster Meister in der Rede. Die leuch-
tende Fassung der Begriffe, welche Platon aus der
Heimat der reinen Formen zur Erde niederholte, ist
wie zur Fackel geworden, und sie strahlt durch die
Jahrtausende.

Um die Zeit, als das Licht von Hellas aufging,
wandelten zwei Männer eines Tags über die Akropolis
von Athen. Sie zogen hinab gegen das Dipylon, das
Doppelthor, welches die „Heilige Strasse" nach Eleusis
entsandte; sie wandten sich den Platanen- und Oliven-
wäldchen der Akademie zu. Der Jüngere brach das
Schweigen.

„Glaubst du, Meister," frug er, „dass das Volk
der Athener je deine Lehre, meine glühend verehrte
Wissenschaft, fassen wird? Sie rühmen sich, die ersten
Staatsmänner der Welt zu sein; sie sind stolz auf ihre
Marathonkämpfer und auf die Sieger von Salamis; sie
sonnen sich an den Heldenschöpfungen ihrer Dichter
und Künstler. Wie kann in der Tageshelle der Bildung
die Frömmigkeit verharren bei Wahn und Thorheit?
Werden die Männer, die zu Pallas Athene beten, ein-
sehen lernen, dass aus ihren theils abgeschmackten,
theils greuelhaften Glaubensvorstellungen der Gedanke
erstehen muss von dem Einen und Ewigen, Unwandel-
baren und Unsichtbaren, Allheiligen und Allseligen,
der Gedanke von dem allgütigen und allgerechten
Gotte, von dem Vater der Dinge? Werden unsere Mit-
bürger die Binden von sich werfen, welche geschäf-

tiger, geldgieriger Aberglaube auf ihr helles Auge legt? Werden sie in Pallas immerzu das vergöttlichte Weib erblicken, werden sie das Bild der ewigen Jungfrau nimmer als das Symbol des freien, gottgebornen Gedankens verehren? Fürchtest du, nachdem du die Hallen des neuen Parthenon uns aufgethan, fürchtest du nicht, diejenigen, welche den ‚Freidenker' Anaxagoras in den Kerker gesetzt, welche dem ‚Götterverächter' Sokrates den Schierling gemischt haben, könnten in ihrem unheimlichen Eifer auch für dich Bande schmieden und Spiesse schärfen?"

„Ich habe meinen Freund," entgegnete der ältere der Männer, dessen Aug ein mildes Feuer barg, und dessen Rede wir in unserem Geiste wiederholen, „ich habe dich oft versichert: es ist überaus schwer, den Vater der Welt zu finden, und es ist fast unmöglich, den Gesuchten, hat er einmal vor dem sinnenden Geiste gestanden, der Menge kundzumachen. Ich nenne heut das Hinderniss der heiligen Erkenntniss."

„Es ist ein Unterschied, ein hochbedeutsamer, zwischen Vorstellen und Denken, zwischen Meinen und Wissen, zwischen Glauben und Erkennen. Wohl schätzt jedermann die Einsicht höher als die Ansicht, die Wissenschaft höher als die Meinung. Allein die richtige Meinung, die zutreffende Ansicht leitet sicher und gerade so gut wie die auf den Grund schauende Erkenntniss. Deshalb kümmert man sich in der Menge nicht um das Wissen, welches mühsam ist: man folgt der Vorstellung, welche von der Sitte überliefert ist; man hält sich an die Meinung, welche die Väter gehegt haben; man bleibt der Anschauung getreu, welche den Ahnen theuer gewesen. Die herkömmliche, die übliche Denkweise verschmilzt mit den Empfindungen des Herzens.

„Der Glaube wird zur Lebensregel, erwachsen aus der altererbten und altbewährten Auffassungsweise für die Gegenstände der Zeit und der Ewigkeit. Die Lebensregel wird, wie die Gewohnheit des Daseins selber, zur Herrschermacht. Sie redet von der Pflicht, und vor allem redet sie, die geheimnissvolle Macht, das Wort der Hoffnung, das Zauberwort vom Glücke.

„Indem der Glaube zurückgreift in unvordenkliche Jahrtausende, wirkt er sich die Gewandstücke der Heiligkeit und der Ehrwürdigkeit. Indem der Glaube mit Ahnungen und Verheissungen in die undurchdenkbare Zukunft hinausdeutet, indem er die Gräber mit Sinnblumen ziert, schmückt er sich selber mit der Krone der Unsterblichkeit. Als Genius aus einer andern Welt, als Abgesandter, welcher das Wort von der Gottheit trägt, als Herold aus der Heimat der Seelen, welcher die Botschaften von den Ewigen bestellt, die beglückenden und die bedrohenden, so verbreitet der Glaube die Majestät, hüllt er sich in den Glanz und in den Schleier des Geheimnisses; so weckt er den Schauer vor dem Unnahbaren, Unantastbaren, Unaussprechlichen.

„Das Herz, welches für den Glauben erglüht, wird misstrauisch gegen den Kopf, wird ihm gram und feind, wenn dieser grübelnd zu benörgeln wagt, wofür die höhern Pulse schlagen. Was ist natürlicher als dies?

„Phoibos Apollon ist Sonnengott; in Helios' Strahlenschöne stellt er die Jugend aus Elysium dar. Das Gemüth des Hellenen neigt sich dem ewigen Jüngling entgegen; vor seinen Bildern fühlt man liebende Ehr-

furcht, anbetende Opferfreudigkeit, hingebende Zuver-
sicht. Muss das Herz des Althellenen nicht wie vor
einem tödtlichen Schlage zucken, muss es sich nicht
wie vor dem Verbrechen eines Gottesmordes entsetzen,
wenn Anaxagoras den Sonnengott λίθον ἔμπυρον, μύδρον
διάπυρον, ‚feuerflüssige Lava‘ nennt?

„In Gegenpaaren von Worten streiten sich unerklärliche Mächte um unsern Geist und in unserem
Geiste.

„Da sind der Verstand und die Phantasie. Diese
wird nicht müde, Weltbilder zu weben aus Licht und
Schönheit, aus Lieblichkeit und Unschuld, aus Kraft,
Grösse und Erhabenheit. Jener zertrennt die Gewebe
Tag für Tag und unbarmherzig, indem er zum Hol-
desten sagt: Du bist nicht wahr! indem er zur duf-
tigsten Blüte spricht: Du wirst nicht leben! indem er
von der harmonienreichsten Anordnung der Ideen erklärt: Du bist nicht wirklich!

„Da sind Glauben und Wissen. Jenes traut und
vertraut und wird in seiner Arglosigkeit auch durch
Schaden nicht klug. Dieses will sehen, überall, mit
eigenen Augen und mit des Argos Augen.

„Da sind die Erleuchtung durch die Götter und
die Eingebung der Natur. Jene verheisst Antwort auf
jede Frage; denn das lösende Wort ist ihr vom Himmel
gekommen, und in den Büchern gotterfüllter Seher
ist es versiegelt. Diese fordert mit kaltem Stolze:
Lege Titel vor, wie ich vermag; nenne Beweise, wie
ich sie habe; zeige Gründe gleich den meinigen!

„Da sind Autorität und Vernunft. Die erste will gebieten, die zweite will nicht gehorchen. Die Autorität
stützt sich auf die Sehnsuchtswünsche des Menschen-

gemüthes, nützt für sich das Wahrheitsbedürfniss, den
Glaubensdrang der Menschenbrust, bewehrt sich mit
dem Ansehen der Gottheit, die liebend und erbarmend,
in deutlicher Rede, mit Wundern und Zeichen ihre
Wahrheit, die ewigen Wahrheiten kundgethan und sie
dem endlichen, sterblichen Wissen zu Leitsternen gegeben hat. Die Vernunft dagegen, indem sie Demuth
und Dienstbarkeit ersetzt sehen will durch promethei-
schen Hochsinn, nimmt sich heraus, für das Diesseits
und für das Endliche die Erklärungsgründe aus der
alles befassenden Nothwendigkeit, aus der allwaltenden
Gesetzmässigkeit abzuleiten. Und zu weit mehr noch
macht sie sich anheischig. Nicht nur den Eingriff der
Götterwillkür, deren Finger die Unwissenheit in jeder
seltenen Erscheinung gewahrt, weist sie zurück: sie
verspricht, die Göttin Vernunft, sie verheisst, den Inbegriff dessen, was die Kurzsichtigkeit und Denk-
blödigkeit das Jenseits nennt, als die Verlängerung
des Schattens aufzudecken, den ihr, der Vernunft,
Thronsitz selber wirft.

„Braucht man sich zu verwundern," fuhr der Weise
nach einer Pause fort, „wenn aus dem Unterschiede
zwischen Vorstellen und Denken, zwischen Glauben
und Wissen, zwischen Offenbarung und Vernunft, Gegensätze wachsen? Braucht man zu staunen, wenn die
Gegensätze Spannung und Feindseligkeit erzeugen, wenn
die Stimmungen unter den Massen durch Reden und
Thaten in Streit und Kampf übergehen? Ist es nicht
wie selbstverständlich, dass in dem entbrennenden
Kriege die Autorität den Ihrigen den Schild des Gesetzes, der Pflicht, des Glaubens vorhält, und dass die
Vernunft für die, so der Fahne des Erkennens folgen

wollen, als Losung das Wort ausgibt von dem Eigenrechte des Wissens, von der Selbständigkeit und Freiheit des Denkens?

„Und doch," so schloss der Weise mit feinem Lächeln, „und doch ist es der Besonnenheit immer ein leichtes, den Streit zu meiden oder den unvermeidlichen zu schlichten.

„Mein Freund soll an die Bildwerke von Daidalos sich erinnern! Wenn die Gestalten des göttlichen Künstlers nicht angebunden sind, entlaufen sie ihren Besitzern. So laufen die richtigen Meinungen, Vorstellungen und Glaubensansichten in den Seelen durcheinander, sie laufen aus den Seelen weg und nehmen das Licht mit fort, wenn sie nicht angebunden werden durch den Gedanken des Grundes. Befestigt aber an goldener Kette, werden die flüchtigen Besitzthümer der Pistis zu dauernden Gütern der Gnosis. Wo die Erkenntniss aus und nach den Gründen waltet, da bleiben Neid und Streit ferne, da freut man sich im Wettstreite der friedlichen Freiheit."

Wolle die hochansehnliche Versammlung das leichtere Gedankenspiel genehm halten, welches mir durch einen Dialog des Dichterphilosophen angeregt worden ist, durch das Gespräch mit der Ueberschrift: „Von der Tüchtigkeit"! Ein Bild aus klassischer Zeit sollte hinzeigen auf die Gründe, welche den Gegensatz zwischen Glauben und Wissen psychologisch bedingen. Platos Sinn- und Gleichnissrede gibt zu verstehen, dass der Gegensatz vorliegt, seitdem die Vernunfteinsicht es als ihr Recht anspricht, die Aussagen des Gemüthes zu prüfen, zu billigen oder abzuweisen. Mein Beispiel

will andeuten, dass der Gegensatz zwischen Wissen
und Glauben, der in einer seiner Wurzeln der Streit
zwischen Kopf und Herz ist, für den Weisen sich wie
von selbst in Freundschaft auflöst. Der Weise zollt
aus philosophischen Gründen der Autorität des Glaubens unbedingte Verehrung, und der Weise redet, aus
Autoritätsgründen, der Freiheit der philosophischen
Prüfung unbedingt das Wort.

„Wodurch ein Lehrer Leiter zum Rechten wird,
geschieht durch diese beiden und sie allein: durch
Glauben und Wissen."

Jeden Begriff dieses platonischen Satzes verstehe
ich in seinem ganzen Sinn und betone ich gleichmässig.
Das Wort aber vom Binden der Vorstellungen durch
die Fesseln der Gründe, mein' ich, wird einmal an-
geschrieben stehen an der Ehrensäule, welche die
Wissenschaft seit Jahrhunderten sich abmüht, ihrer
Freiheitsgöttin aufzurichten.

Die hochansehnliche Corona ist mit mir darüber
einig, dass die Frage von der „Freiheit der philosophischen Forschung", von der „Freiheit des wissenschaftlichen Denkens" sich eigentlich nicht erschöpfen,
und dass die Erörterung der Frage sich schicklich an
typische Namen anknüpfen lässt. Ich habe den Namen
eines Mannes im Sinne, der zum Beginn unseres Jahrhunderts aus dem Leben geschieden ist, und den
Namen eines Ereignisses, welches das letzte Menschen-
alter unseres Jahrhunderts eröffnet hat.

Gilt es die typische Bewerthung von Personen und
Ereignissen, so pflegen sich die Menschen in zwei
Gruppen zu sondern. Wenn ich den Namen von Im-

manuel Kant und das Wort von dem Vaticanischen Concil ausspreche, so weiss ich, dass beide, dort die Gönner und die Gegner, hier die Anerkennung und die Ablehnung, sich zusammenfinden, um die Bedeutsamkeit des Benannten und des Bezeichneten einstimmig zu betonen.

I.

Durch drei originelle Gedankenpaare, wird uns versichert, hat sich Immanuel Kant die Bedeutung eines Sternes erster Grösse am Himmel der Philosophie erworben.

Der Vater des Kriticismus will vor allem die Grenzen abgesteckt sehen für die Leistungsfähigkeit unseres Erkenntnissvermögens, und innerhalb der Grenzen will er Erkenntnisse a priori nachweisen. Das sind solche Ansatzpunkte zu Wissenssätzen und solche Urtheile, die ganz aus sich selber, von jeder äussern, vereinzelten und zufälligen Erfahrung unabhängig, Giltigkeit haben. So nur kann ein allgemeines und nothwendiges Wissen gewonnen werden.

An zweiter Stelle wird die Autonomie der praktischen Vernunft und der Gehorsam gegen den kategorischen Imperativ gefordert. Das heisst: die Vernunft schöpft die Grundsätze, welche das sittliche Handeln bestimmen, aus sich selber; die Selbstlosigkeit aber in der Pflichterfüllung, das Soll des Gewissens in die Sprache des Begriffes übersetzt, muss die Seele der sittlichen Gesinnung sein. So nur, durch die lautere Selbstgesetzgebung der Vernunft, lassen sich Grund-

regeln schaffen, welche verbindliche Normen der Bethätigung abgeben für alle Wesen mit Vernunft.

An drittem Orte verlangt Kant: die obersten Vernunftideen von Gott, Freiheit und Unsterblichkeit sollen
nicht als Gegenstände des Wissens, sie sollen als Re-
gulative des Handelns gelten. So nur können — ich
führe den Bewunderer Kants an — „die unstillbaren
Wünsche des Herzens und die Forderungen der Vernunft", welche diesseits, in der „Tageshelle" der Erfahrung, unerfüllt bleiben müssen, ihre Befriedigung
finden, ein Vollgenügen finden in der „Mondscheinlandschaft", welche der Glaube an das sittliche Ideal
und an die Möglichkeit seiner Verwirklichung jenseits der Erfahrung und jenseits ihrer Grenzen aufsteigen lässt.

Unter Bezug auf die genannte dreifache Forderung
wird das kühne Wort Fortlages aus den vierziger Jahren
auch für unsere Zeit als nicht allzukühn erfunden:
in der Kantschen Philosophie sei das „System der
absoluten Wahrheit" aufgetreten; insbesondere sei mit
der Lehre von der Pflichthandlung rein um der Pflicht
willen der „wissenschaftliche Ausdruck der christlichen
Moral" erschienen.

Nicht jedermann vermag solch einen überschwäng-
lichen Glauben zu theilen. Weder ist es a priori,
durch reine Vernunftbetrachtung erweisbar, dass ein
allseitig, zumal nach oben abgeschlossenes System von
Wahrheiten, das etwa sich dem ausgeführten Gedanken-
gebäude der Mathematik vergleichen liesse, von einem
Philosophen ans Licht gefördert werden kann; noch
ist es geschichtlich begründbar, dass Kants Philosophie
in der angedeuteten Art bewerthet werden muss.

Es ist nicht richtig, wenn angenommen wird, das von Kant gezeichnete Erkenntnissideal: Wissen diesseits der Erfahrungsgrenzen, und Glauben, sittliches Glauben jenseits der Erscheinungsgrenzen — sei ganz eine neue Errungenschaft. Die sokratische Philosophie, wie sie vom christlichen Mittelalter, zumal durch Thomas von Aquin, zur Blüthe gebracht worden ist, betont es als selbstverständlichen Grundsatz, dass all unser Wissen auf der Erfahrung ruht und in ihr nur wurzeln kann. Nicht einmal, was mir doch am nächsten ist, meine eigene Wesenheit lässt sich auf einem andern Weg ergreifen: ich erkenne mein eigen Dasein nur, weil ich mein Thätigsein in mir selber erfahre.

So weiss also die Philosophie von der Schranke des „Dinges an sich", die keine Erfahrung je wird überfliegen können, sehr wohl und lange vor Kant. Wenn aber an die Stelle leerer Glaubenswünsche, womit Kant und seine Schüler sich in ein aller Erfahrung verschlossenes Jenseits hinüberschwingen wollen, ein Schliessen gesetzt wird, das Schliessen vom Sein der Wirkung auf das Zuvorsein einer Ursache: hat damit das Denken der Alten einen Fehler gemacht? Hat es nicht vielmehr einen Fehler vermieden? Auch mein sittliches Glauben und Hoffen soll und will nicht ein blindes Glauben, ein blindes, über seine eigenen Gründe unklares Harren sein in dämmernder „Mondscheinlandschaft". Besser sonst, es wäre gar nicht!

Der Grundgedanke sodann: das sittliche Handeln muss um der Pflicht willen und des Gewissens wegen erfolgen, selbst wenn es kein Erträgniss, weder Lohn noch Strafe bringt — hat immer einen Eckpfeiler gebildet in der christlichen Wissenschaft von der menschlichen Sitte. Nur ist zu sagen, dass sich die christliche Ethik in ihren besten Vertretern von den Uebertreibungen des Rigorismus freigehalten hat. Es ist die natürliche, gesunde Empfindung — Schiller hat ihr gegen Kant recht gegeben —, welche mich belehrt: du darfst niemals Lohn erjagen wollen mit deiner Rechtschaffenheit; du musst aber das Glück, das in der Tugend selber liegt, nicht verabscheuen, um überhaupt tugendhaft, um gewissenhaft sein zu können.

Was endlich die obersten Vernunftideen betrifft, so gilt Schillers Wort heute mit hundertfachem Gewichte: „Rede nicht mit dem Volk: der Kant hat sie alle verwirret!" Ueber Gott, Freiheit und Unsterblichkeit, nicht über Sein oder Nichtsein erst, schon über die Begriffe der Mächte, welche den sittlichen Idealismus Kants getragen haben, verständigen sich zur Zeit kaum zwei von den Schülern des Meisters. Fast alle, die sich an ihn angeschlossen, meinen unter den Leitideen der sittlichen Vernunft das Gegentheil von dem, was der Philosoph sich darunter gedacht hat.

Diese Erscheinung gehört zu den bedenklichsten geschichtlichen Arabesken, die sich um ein „System absoluter Wahrheit" ranken können.

An philosophischem Tiefsinn darf sich Immanuel Kant nicht messen mit einem Platon oder Dante; sein Scharfsinn steht hinter dem von Aristoteles und Leibniz um einen starken Schritt zurück. Das hindert uns aber mit nichten, dem Weisen von Königsberg unter den neuen deutschen Denkern die Palme zu reichen. Wir folgen gerne seinem Unterricht, und wir hören mit Aufmerksamkeit seine Rede, die von der Freiheit des philosophischen Suchens und Untersuchens handelt.

Ehe wir dem Meister folgen, sei noch eine Bemerkung verstattet.

Wenn wir das Wort von der „Freiheit der Philosophie“, von der „Freiheit des Wissens und der Wissenschaft“ reden, verwenden wir eine sprachliche Kunstfigur; und es soll nicht verhehlt sein, dass wir beim Sprechen und beim Hören reichlich den Vortheil nützen, der in dem berückenden und stolzen Klange „Freiheit“ wohnt. Es soll aber nicht der poetische Zauber des Wortes wirken auf Unkosten der begrifflichen Deutlichkeit.

Freiheit oder Unfreiheit des Denkens, des Wissens, der Philosophie gibt es nicht. Nur die Freiheit des Philosophen, einer wissenden und denkenden Persönlickeit, ist ein Wort mit angebbarem Sinn oder mit bestreitbarer Bedeutung. Die Denkfreiheit des Philosophen aber besteht darin, unter den mannigfachen Wegen, die zu der einen Wahrheit führen können, den kürzesten und sichersten auszuwählen. Das Ziel des Philosophen ist, die Gesetze zu finden und zu verwenden, welche in der Wahrheit selber liegen, nicht Gesetze, welche der Jünger der Wahrheit festgelegt sehen möchte. Dem Worte von der „Freiheit der Wissenschaft“, von der „Autonomie der Vernunft“ irgend eine andere Bedeutung geben, heisst, statt der Wahrheit, welche das Denken sucht, ein Bild des Wunsches setzen, heisst den Fehler begehen, welchen die Logik Heterozetesis nennt. „Frei durch Vernunft“ ist „stark durch Gesetze“.

Immanuel Kant geht von der Erwägung aus: die philosophische, die sogen. „untere Facultät“, kennt keine andern Interessen als die der Wissenschaft; die Philosophie zielt auf die Wahrheit, wie dieselbe an

sich ist. Darum ist die Weltweisheit in der Art ihrer
Forschung von Natur aus und von Rechts wegen frei.
Ihr Erkenntnissmittel, die Vernunft, besteht eben darin,
dass wir von allen unsern Begriffen, Meinungen und
Behauptungen Rechenschaft zu geben vermögen, sei
es aus subjectiven oder aus objectiven Gründen. Ein
Befehl an die Vernunft, ein „Crede", hat keinen Sinn;
nur ihr Bekenntniss, ihr „Credo", hat Bedeutung.
Wahr für mein Erkennen wird etwas nicht dadurch,
dass seine Annahme mir geboten wird; allein durch
eigenes Urtheilen, das durch keinen Machtbefehl ersetzt werden kann, vermag ich zu ermitteln, ob etwas
mir Dargebotenes wahr, ob etwas mir Gebotenes begründbar ist oder nicht.

Voraussetzung ist mithin für Kant, dass die Philosophie bei Beurtheilung ihrer Gegenstände Rücksichten
des Nutzens und des Zweckes, Rücksichten der An-
nehmlichkeit und der Schönheit ausser Rechnung lässt,
dass sie lediglich auf die Wahrheit geht. Voraussetzung
ist ferner, dass die Wahrheitsprüfung zu den ausschliesslichen Obliegenheiten der philosophischen Facultät gehört. Darum spricht sich diese die Befugniss zu, den „obern" Facultäten so zu dienen, dass
sie dieselben auf den Gehalt ihrer Lehren controllirt.
Jus, Medicin und Theologie müssen sich die Zweifel
und Einwürfe der Philosophie gefallen lassen, wenn
die Wahrheit die wesentliche Bedingung der Gelehrsamkeit bleiben soll; und keine Regierung darf die
Freiheit der Philosophie „mit einem Interdicte be-
legen", wenn der Regierungsmechanismus auf den
Bahnen der Wahrheit sicher und immer sicherer voran-
kommen soll.

Die Juristenfacultät — um mit Kant auf die
Besonderheiten einzugehen — hat zum Gegenstand
ihrer Arbeiten das Gesetzbuch. Es ist der Inbegriff
der positiv sanctionirten Formeln, welche die Sicherung für Mein und Dein sind im Gemeinleben der
Bürger. Des Juristen Aufgabe bildet die Erklärung
der Gesetze nach ihrem Sinn und Zwecke, nicht aber
auch nach ihrem Ursprung. Die gesetzlichen Vorschriften machen, dass etwas recht und dass ein Recht
ist im Staatswesen; nachzufragen, ob die Verordnungen
selber recht und gerecht sind, ist nicht die Pflicht der
Gesetzeskunde. Sie hat sich in Zweifelsfällen an die
Stelle zu wenden, welcher die entscheidende Aus-
legung strittiger Vorschriften und Verordnungen vor-
behalten ist.

Die Möglichkeit indessen, die Rechtsgesetze nach
Massgabe der Vernunftprincipien zu prüfen, bleibt
immer und durchaus offen. Die Klage der Juristen,
dass es beinahe unmöglich ist, eine nur eindeutig be-
stimmte Norm der Rechtspflege, ein wirkliches Ius
certum zu finden, berechtigt vollauf zu dem Zweifel, ob
mit dem besten positiven Gesetz auch wirklich alles in
Ordnung sei. Der Zweifel erweckt den Wunsch, ein
bestehendes Gesetz dem Rechtsideal immer mehr an-
zunähern, dem Ideale, welches die sittliche Vernunft
in sich trägt. Es ist die Forderung: Mache zur Form
deines Wollens und deiner Bethätigung diejenige Ma-
xime, denjenigen Grundsatz, von welchem du, selber
ein vernünftiges Wesen, wollen kannst, er solle das
allgemeine Thätigkeitsgesetz der Vernunftwesen sein.

Die Aufgabe der Philosophie gegenüber der Rechtswissenschaft ist damit gegeben. Das nächste Ziel ist

die Anweisung zur Abänderung der Gesetze, zur Verbesserung der Rechtspflege, zur Vervollkommnung der Staatsverfassungen; der leitende Massstab ist die Vernunfteinsicht; das Endziel ist die Stiftung und Gewährleistung des „ewigen Friedens" in der Welt.

So die Aufgabe! Ist sie lösbar? Das kann die Philosophie behaupten, wenn sie anzugeben weiss, ob das Menschengeschlecht im Fortschritte zum Bessern begriffen und wodurch solch ein Fortschritt bezeugt ist.

Findet sich ein Standpunkt, auf welchen die Vernunft treten kann, um den frei handelnden Wesen nicht etwa nur zu sagen, was sie thun sollen, sondern um ihnen vorherzusagen, was sie thun werden? Welche Erfahrung lässt sich namhaft machen als vorauszeigender Beweis, als Prognosticon, dass die Menschen einmal jene Form ihres Zusammenlebens erreichen werden, die von der Vernunft des einzelnen und aller vorgezeichnet ist?

Kant, in seinem Innersten eine republikanische Natur, sieht die gemeinte Erfahrungsthatsache in der ebenso allgemeinen als uneigennützigen Theilnahme, welche die Zuschauer der französischen Revolution, selbst auf die Gefahr eigener Schädigung hin, jener Umwälzung entgegenbrachten. Der an „Enthusiasmus" grenzende Wunsch aller, der Versuch gründlicher Verfassungsbesserung möchte dem einen Volke gelingen, setzt im Menschengeschlecht die Anlage eines moralischen Charakters voraus, eines Vermögens, das auf das „Idealische" geht, das nicht auf den Eigennutz gepfropft ist. Ein solches Phänomen in der Menschengeschichte „vergisst sich nicht mehr", betheuert der Philosoph. Hat es doch eine Fähigkeit zum Bessern

in unserer Natur aufgedeckt, dergleichen kein Poli-
tiker aus dem bisherigen Verlauf der Dinge heraus-
geklügelt hätte! Es ist die Anlage derjenigen Charakter-
verfassung im Menschen, welche Natur und Freiheit
nach inneren, angebornen Rechtsprincipien vereinigt.

Freilich vermag niemand den Zeitpunkt anzugeben,
wann die ideale Einheit von Freiheit und Natur für
den Menschen und für die Völker in die Wirklichkeit
treten wird. Das hindert aber die „freien Rechts-
lehrer", welche philosophisch vorangehen, keinen
Augenblick, ihrer Pflicht zu leben. Sie gebietet, diese
Pflicht, über das natürliche, über das aus dem ge-
meinen Menschenverstand entspringende Recht öffentlich Aufklärung zu geben. Wenn z. B. römisches und
deutsches Recht in einem Falle sich streiten, hat der
Philosoph mitzureden: er hat zu prüfen, nicht bloss
welche Rechtsanschauung logisch richtiger, sondern vor
allem, welche Fassung psychologisch tiefer und ethisch
befriedigender ist; er hat den sittlichen Rechtsmassstab
bereitzustellen. Ein Verbot der Oeffentlichkeit an die
diesem Massstab folgenden Kritiker der „statutarischen"
Rechtsformen müsste den Fortschritt zum Bessern hem-
men, müsste verschulden, dass die Buchstabengesetze
nicht zu Freiheitsgesetzen auswachsen, die ein Volk
mit „reifer Vernunft" sich einmal selber geben wird.

Zweierlei ist unbestreitbar: die Thatsache von der
Sinnlichkeit und Gebrechlichkeit der Menschennatur,
sowie die Thatsache ihres moralischen Vermögens, also
der Hang zum Bösen und der Drang nach dem Bessern.
Letztern, dem erstern zum Trotz, entfalten helfen, nicht
durch Revolution im Aeussern, sondern durch Evolution
im Innern, das ist die Pflichtaufgabe der Philosophie.

Die Leitung der Entfaltung zwar, dem letzten Gelingen
zu, muss der „Weisheit von oben herab", „welche,
wenn sie uns unsichtbar ist, Vorsehung heisst", vor-
behalten bleiben. Allein vom menschlichen Beginnen
lässt sich immerhin eine „negative Weisheit" in der
Anbahnung des Zieles erwarten. Sie besteht, diese
negative Weisheit, in der Wegräumung des grössten
Hindernisses, in der Fortschaffung des Krieges aus
der Welt.

Aufgabe des Philosophen ist es also, zuzusehen,
ob die Rechtswissenschaft in ihren Bewegungen einem
Ziel entgegensteuert oder nicht. Lösbar ist die Aufgabe, wenn der Philosoph frei sich geben darf in allen
seinen Meinungsäusserungen, wenn seine Zweifel und
Beanstandungen mit unbedingter Offenheit sich an die
Vertreter der Rechtskunde, sich an die Regierungen
und ihre „Geschäftsleute", wie es bei Kant heisst, sich
an die „Werkkundigen der Gelehrsamkeit" wenden
können. Die Vernunftfreiheit allein vermag es, das
Gespenst des Gesetzes, das rächend und drohend an
Königsthronen steht, zu bannen, und an dessen Stelle
bringt sie den Genius, welcher die sittlichen Ideale
hütet des Rechten, des Rechtes, der Gerechtigkeit.

Die medicinische Facultät steht ihren Vorlagen viel unbehinderter gegenüber als die juristische
den ihrigen. Die Kunst des Arztes ist unmittelbar
von der Natur entlehnt; die Wissenschaft des Arztes
liegt im Kreise der Naturphilosophie, diese Bezeichnung nach dem alten, umfassenden Sinne genommen.
Die Freiheit der philosophischen Forschung auf diesem
Boden lässt sich denn kurz aussprechen in den Forderungen, über welche Christoph Wilhelm Hufeland

Kants Urtheil hören wollte, als der Arzt dem Philosophen die „Makrobiotik", das Buch „Von der Kunst, das menschliche Leben zu verlängern", zum Geschenke machte (12. December 1796).

Die Heilkunst soll der Denkkunst einräumen: Der physische Mensch ist ein auf Moralität berechnetes Wesen; die moralische Cultur ist dem Menschen unentbehrlich zur Vollendung seiner Natur; der Arzt hat nicht bloss mit Geschicklichkeit zu geben, was hilft, sondern mit Weisheit zu verordnen, was dem Hilfsbedürftigen Pflicht ist; die moralisch-praktische Philosophie ist eine Universalmedicin, die zwar nicht allen für alles hilft, die aber doch in keinem Recepte mangeln darf.

Die Freiheit der Philosophie der Heilwissenschaft gegenüber reicht mithin gerade so weit, als die Obmacht des Geistes und des Geistigen, wovon die Philosophen handeln, gegenüber dem Organischen reicht, womit und worin die Mediciner arbeiten. In der Betonung des Geistigen und des Sittlichen am Menschenwesen betont die philosophische Wissenschaft ihre Selbständigkeit und ihre unveräusserlichen Rechte gegen die Versuche, das Immaterielle, das Psychische, das Ethische zu läugnen oder es nach vorgefassten Meinungen aus dem Materiellen herauszudeuten.

Der Philosoph kann aber noch weiter gehen. Er beweist die Obmacht des Geistes über den Körper durch die Macht des Gemüthes, mittelst eines blossen Vorsatzes krankhafter Gefühle Meister zu werden. Der Philosoph kann die Kraft bethätigen, durch blosse Willensgrundsätze gesund zu werden und gesund zu sein, Krankheiten zu heilen oder solchen vorzubeugen.

Tagtäglich bewährt das Gemüth seine Macht, zu
heilen durch reine Ueberlegungen. Durch die Regelung
von Schlafen und Träumen, Essen, Trinken und Athmen,
Arbeiten und Ausruhen, durch den Vorsatz einer Diät
im Denken selber weiss die Vernunft die Weisheits-
göttin zur Heilgehilfin für Apollo zu gewinnen. Die
Philosophie in ihrem Welt-, nicht im engen Schul-
begriffe, hat ihre Interessen am Endzwecke der Vernunft. Versenkt sich das Denken eines Mannes darein,
so führt die tiefer dringende Einsicht für den Denker
eine Kraft bei sich, welche die körperlichen Schwächen
des Alters durch vernünftige Schätzung des Lebens-
werthes wohl vergüten kann. Ueberhaupt — wer hätte
das nicht schon empfunden? — liegt im philosophischen
Betriebe jeder Wissenschaft, in der Erweiterung der
Erkenntniss nicht mit der Absicht, sie zum Werkzeuge
des Nutzens zu machen, sondern um des Wissens
selber willen, darin liegt solch eine wohlthuende Er-
regungsart unserer leiblich-seelischen Kräfte, dass dieselbe wie ein Geheimmittel zur Verjüngung und Verlängerung des Lebens verehrt werden darf.

Allerdings leisten jene Tändeleien, welche der
vielgeschäftige Müssiggang liebt, ähnliche Dienste. Der
wunderliche Umstand indessen, dass es auch Surrogate
des Denkens gibt, berechtigt die Medicin zu keinen
Schlüssen. Verfehlt wäre jedenfalls der Schluss, der
seinerseits absonderlich klänge, der Schluss: das edelste
Mittel, die leiblichen Kräfte des Menschen zu stützen,
solle nicht ausgiebig zur Verwendung kommen; die
unsinnliche Diät des Denkens könne die sinnlichen
Organe und das sichtbare Gezelt des Geistes nicht
beeinflussen; der Philosophie dürfe in Sachen der

körperlichen Heilungen nicht ein freies Wort zugestanden werden.

Soll für das philosophische Fragen nach den Gründen, soll für das philosophische Prüfen der Resultate die Freiheit beschränkt, sollen die Rechte der Geisteswissenschaft eingeengt werden durch jedes naturalistische Tagesdogma, das auf medicinischem Boden aufschiesst? Das hiesse die Heilkunde auf die Heide des Sicht-, Wäg- und Greifbaren verbannen. Dort müssten ihre Blüthen abwelken! Andererseits braucht der Mediciner weder zu fürchten noch der Philosoph zu erwarten, dass einmal reine Vorsätze, leere Maximen, blosse Willenshandlungen eine allgemeine Regel der Diätetik schaffen werden. Die Vernunft wird niemals durch ihre Spruchentscheidungen unmittelbare Heilkraft ausüben. Die therapeutischen Formeln der Offizin werden niemals durch philosophische Zaubersätze sich vertreten lassen.

Immerhin zählt die Kunst, das menschliche Leben zu verjüngen und zu verlängern — von der idealen Lebensverschönerung ganz abzusehen — zu den freien Künsten. Und einen wesentlichen Bestandtheil in der Geschicklichkeit bildet die Kunst der Lebensweisheit. Sie lehrt, das Leben denkend einzurichten; sie gebietet, das Leben sittlich zu führen. Gebot und Lehre zu künden, ist die Pflichtsache der Philosophie. Genügen kann die Geisteswissenschaft ihrer Obliegenheit nur, wenn es dem Philosophen unverwehrt ist, gegen die Schädigung des Geistigen, gegen die Versehrung des Sittlichen im Menschen, wo Gefahren an den Wegen der Heilwissenschaften liegen, öffentlich und unbeirrt seine Einsprachen geltend zu machen.

Wie ernst es der Philosoph Kant mit den dies-
bezüglichen Freiheitsrechten seiner Wissenschaft genommen hat, leuchtet aus einem unscheinbaren, sehr
bemerkenswerthen Satze hervor. Gerade dort und nur
dort, wo die Beziehungen zwischen medicinischer und
philosophischer Facultät verhandelt werden, finden wir
es nachdrucksam und uneingeschränkt betont: es müssen
Philosophen sein, welche sich ungetheilt dem Studium
des Metaphysischen widmen; denn ohne Metaphysik
könnte es eine Philosophie gar nicht geben, würde
mithin die Wissenschaft nicht sein, welche die Erkenntnisse des Menschengeistes nach ihrer letzten Wahrheit fragt und die Wahrheit um der Wahrheit willen
zu ergründen sucht.

Gegenüber der juristischen und medicinischen
Wissenschaft hat Immanuel Kant die Freiheit der
Philosophie mehr im Sinne freier Berechtigung betont.
Es wird die Befugniss des Denkens nachdrücklich hervorgehoben, über die Aufgaben, Gegenstände und Grenzen der Rechts- und Heilkunde selbständige Untersuchungen anzustellen. Viel selbstbewusster und schroffer
verhält sich der Vater der Vernunftkritik zu der obersten
unter den drei „obern Facultäten". Das ersehen wir
schon aus der Bemerkung, welche der Bezeichnung
der philosophischen Facultät als der „untern" angehängt
ist. Sie lautet: „Derjenige, welcher befehlen kann,
mag sich, obgleich er der demüthige Diener eines
andern ist, doch vornehmer dünken als ein anderer,
der zwar frei ist, der aber niemanden zu befehlen hat."

Dieses stachelige Wort gilt in erster Linie der
Theologie. Gereiztheit aber klingt geradezu aus dem
Satze, welcher den „stolzen Anspruch" der theolo-

gischen Facultät, die Philosophie wie die „Magd" behandeln zu dürfen, durch die Beifügung abstumpfen
will: „Gut, nur dass die Frage bleibt, ob die Magd
der Herrin die Fackel voran- oder die Schleppe nach-
zutragen hat!"

Kant behauptet die volle „Autonomie" der Vernunft in theologischen Dingen. Jeden Wink, auf
welches Ziel hin die philosophische Forschung etwa
sich einrichten sollte, weist er zurück als Zwang und
Vergewaltigung, als „Heteronomie" des Denkens.
Meister sein will der Philosoph, nicht Meisterung erfahren. Nur eine Beschränkung wird im Interesse
der öffentlichen Ordnung zugestanden: nicht jedem
Beliebigen soll es verstattet bleiben, seine subjectiven
Meinungen „ins Publikum zu schreien". Im übrigen
ist nach Kant nicht zwar ein gesetzwidriger Krieg,
wohl aber ein gesetzmässiger Steit in Ansehung des
gelehrten Mein und Dein, eine Concordia discors
oder Discordia concors zwischen Unten und Oben das
Wünschenswerthe, das Naturgemässe.

Der Kritiker von Königsberg hegt das siegesgewisse
Vertrauen: es könne wohl dereinst dahin kommen,
dass die Letzten die Ersten werden, wenn auch nicht
in der „Machthabung", wie er sich ausdrückt, so doch
in der Berathung der „Machthabenden". In nichts
Geringerem erkennt Kant das letzte Ziel der philosophischen Freiheit. Welche Wege führen dahin —
hinweg über die Theologie?

Der Theologe schöpft als Theologe seine Lehren
aus Schriften, die sich wie Statuten verhalten; sie
stehen unter der Willkür eines Obern. Die Bibel
nimmt, was ihren Ursprung betrifft, keine Ausnahme-

stellung ein. Die Heilige Schrift ist ein Canon, der schlechthin Gehorsam gebietet, und dies auch in Ansehung solcher Dinge, die sich aus der reinen Vernunft ableiten lassen. Andere Schriften, die symbolischen Bücher und Formeln, welche den Geist des biblischen Gesetzbuches im Auszuge geben zum fasslichern Begriff und Gebrauch der Gemeinde, sind gänzlich vom Glaubenscanon verschieden. Als Organon zu demselben haben sie für sich keinerlei Autorität.

Die Beweismittel der Theologie sind diejenigen des Geschichts- und Kirchenglaubens. Für das Glaubensbuch selber muss der Theologe ein nicht näher erweisliches, nicht näher erklärliches „Gefühl der Göttlichkeit" als Glaubenssache fordern. Die Deutung der Schriftstellen darf er nicht gemäss der Anlage, wie sie der Vernunft eignet, sondern nur auf die Eröffnung des absoluten Wahrheitsgeistes hin vornehmen. Für den Vollzug der Schriftgebote soll der Theologe nicht an die Kraft einer natürlichen Tugend, sondern an die übernatürliche Gnadenwirkung anknüpfen. Derselben wird er durch den herzerneuernden Glauben theilhaftig; ihn aber, den Glauben, kann er von der Gnade erhoffen.

Die Freiheitsansprüche, welche der kritische Philosoph gegen den biblischen Theologen vertheidigt, lassen sich in einer Reihe von Thesen darlegen.

1. Die Philosophie kann sich auf die Wünsche des Gemüthes nur mit den Vorschriften einlassen, welche sie aus der Vernunft entlehnt. Dem Principe der Freiheit anhänglich, stützt sich der Philosoph auf das, was der Mensch aus sich kann und soll. Das ist: rechtschaffen leben, niemanden Unrecht thun, mässig im Geniessen und geduldig sein auf dem Kranken-

bette, vor allem rechnen auf die Selbsthilfe der Natur.
Hierbei bedarf es keiner grossen Gelehrsamkeit; sie
wird ganz entbehrlich, wenn man die Neigungen bändigt
und der Vernunft das Regiment anvertraut, eine Selbst-
bemühung freilich, die beschwerlich fällt.

2. Die Religion besteht nicht in einem Inbegriffe
gewisser Lehren als göttlicher Offenbarungen, sondern
darin, dass wir all unsere Pflichten objectiv als göttliche Gebote betrachten und dass wir subjectiv dem
Grundsatze huldigen, sie wie Gottes Befehle zu be-
folgen.

3. Sachlich ist die Religion in jedem Stücke mit
der Moral eins; nur in der Form besteht ein Unterschied. Er beruht darauf, dass die Gesetzgebung der
Vernunft durch die aus ihr erzeugte Idee von Gott
einen erhöhten Einfluss auf den menschlichen Willen
zu gewinnen, dass das Vernunftgesetz die Erfüllung
aller unserer Pflichten, auch der schwersten, durch
den Gottesgedanken zu sichern weiss. An sich gelten
die Sittengebote nicht, weil Gott sie gegeben, sondern
sie mögen als göttliche gelten, weil sie nothwendige
Vernunftsatzungen sind.

4. Die Begriffe und Grundsätze, die sich auf Religion
und Religiöses beziehen, können nicht erlernt werden;
sie sind aus der eigenen Vernunft des Lehrenden und
Lernenden zu entwickeln. Die Lehren des reinen
Vernunftglaubens sind wahr, nicht wenn und weil sie
in der Heiligen Schrift stehen, sondern sie mögen in
dem göttlichen Buche stehen, weil sie wahr sind.

5. Eine Offenbarung ist unmöglich. Die natürlichen
Wahrheiten entdeckt und offenbart die Vernunft sich
selber; andere als natürliche Wahrheiten vermöchte

die Vernunft, auch wenn solcherlei an sie herankommen könnten, nicht in Begriffe zu fassen: sie besässe keine dafür.

6. Die geschichtliche Bezeugung von Thatsachen, die stets etwas Zufälliges sind, kann nicht den Beweis von Vernunftwahrheiten abgeben, die nothwendig und allgemein giltig sein müssen. Das Apriori kann niemals a posteriori gemacht werden.

7. Das Viele, das in allen Glaubensformeln neben der natürlichen Religion einhergeht und wovon auch die Bibel strotzt, ist „κατ' ἄνθρωπον" zu nehmen, nicht „κατ' ἀλήθειαν". Das heisst: das geschichtlich-gelehrte Beiwerk ist ein sinnliches Vehiculum, welches die Menschengeschlechter jedes zu seiner Zeit in den Gehalt des Vernunftglaubens einführt. Der Kirchenglaube, mit dem sich die Theologie befasst und der gänzlich auf Statuten beruht, kann darum nur die vergängliche Bestimmung haben, „Leitband" der Wahrheit zu sein; religiös-praktische Pflichten vermag er nicht zu bedingen.

8. Die Religion als Vernunftglaube ist im Menschen mit dem Bewusstsein der Freiheit verbunden; der Kirchenglaube der Theologie wird auf dem Punkte, wo er anfängt, aus sich mit Autorität zu sprechen, wo er die Verbindlichkeit, an der allgemeinen und innerlichen Vernunftreligion sich zu berichtigen, missachtet, zur Sectirerei, und diese übt Gewalt gegen die Gewissen aus.

9. Für die Deutung des Theologischen in Schrift und Geschichte muss die Philosophie, welche die Wahrheit der Religion als ausschliesslichen Vernunftgegenstandes zum Zwecke hat, sich das Vorrecht „anmassen",

im Falle des Streites zu entscheiden. Die philosophische Feststellung des theologischen Sinnes im Statutarischen zielt dabei nicht auf eine Erweiterung der natürlichen Erkenntniss ab; sie hat nur die logischen Eigenschaften der Grundsätze, welche die theologischen Auslegungen regeln sollen, im Auge.

10. Die Grundsätze selber lauten wie folgt:

a) Stellen der Schrift, welche theoretische, den Vernunftbegriff übersteigende Lehren enthalten, dürfen, Spruchstellen, welche der praktischen Vernunft Widerstreitendes vortragen, welche „ἀνθρωποπαθῶς" reden, müssen zum Vortheile der letztern, also „θεοπρεπῶς" ausgelegt werden.

b) Die Geheimnisslehren sind moralisch zu deuten, wenn sie Werth haben sollen, und sind moralisch deutbar, wenn sie Sinn haben.

c) Das sogen. Mysterium von der göttlichen Dreifaltigkeit lässt, dem Buchstaben nach, schlechterdings nichts Praktisches aus sich machen; religiösen Sinn aber gibt der Gedanke, wenn er verstanden wird vom Oberhaupte des Gottesstaates, sofern dasselbe ist: heiliger Gesetzgeber, gütiger Regent, gerechter Richter.

d) Die Lehre vom ewigen Sohne Gottes gebietet uns: an das Ideal des gottgefälligen Menschen zu glauben; überzeugt zu sein, dass der Mensch vermöge seiner moralischen Anlage sich vom Schlimmen zum Guten wenden kann; entschlossen zu sein, von der umschaffenden Erkenntniss, dem „seligmachenden Glauben" durchdrungen, als neuer Adam die Bussen des alten zu tragen (Rechtfertigung, Genugthuung). Nicht aber ist in dem Vernunftgebote, die sittliche Gesinnung

2*

des „Gottmenschen" in sich aufzunehmen, für den Einzelmenschen der Geschichtsglaube, das Ideal sei wirklich in Jesus von Nazareth erschienen, als Pflicht mitenthalten.

e) Ihrer Idee nach ist die Kirche, gebaut auf die Grundlage des Vernunftglaubens, allgemein und unsichtbar; der Catholicismus rationalis, im Gegensatze zum Catholicismus hierarchicus, ist der Ausdruck dafür, dass wir alle Brüder sind unter dem e i n e n Vater, berufen zum Gottesvolke, zum Gemeinwesen, welches nach reinen Tugendgesetzen geordnet ist.

f) Zur Verwirklichung des Gedankens von der Kirche bedarf es bei der Sinnlichkeit und Unbeholfenheit der Menschennatur der Stiftung einer sichtbaren Anstalt; der Geschichtsglaube fasst die Kirchengründung als göttliche That, sie, die das Werk des vorausschauenden Weisen gewesen; durch die verschiedenen Fassungen, welche die e i n e Idee zulässt, ward eine Vielheit von sichtbaren Kirchen und der Gegensatz zwischen Orthodoxen und Ketzern geschaffen: die Kirchengeschichte ist der Kampf zwischen Geschichtsglauben und Vernunftreligion.

g) Dem Ziele des Kampfes, dem Siege der Vernunft über Kirchen- und Theologenglauben, nähert sich die Menschheit durch die Erkenntniss, dass der Gottesdienst ein „Dienst der Herzen" ist; die Anbetung des Vaters hat „im Geist und in der Wahrheit" zu geschehen; sie ist die Beobachtung aller Menschenpflichten als göttlicher Gebote: was ein Mensch, ausser seinem guten Lebenswandel, noch thun zu können vermeint, um Gott wohlgefällig zu werden, ist „Religionswahn" und „Afterdienst" vor Gott.

h) Der „schwärmerische Religionswahn", der „Frohn- und Lohnglaube" verkehrt das Verhältniss zwischen Tugend und Begnadigung, zwischen Sittlichkeit und Frömmigkeit, zwischen Sinn- und Sinnenbild (Cultus), zwischen Gesinnung und Symbol (Gebet), zwischen innerlich wirkender Nothwendigkeit und äusserlich helfender Zufälligkeit, zwischen Vernunft und Geschichte; die Verkehrtheit wird „Fetischdienst", wenn auf der werthlosen Aeusserlichkeit bestanden, wenn dieselbe zum Zaubermittel sittigender Wirkungen erhoben wird; im Gefolge solchen Glaubens treten Pfaffenthum und Fanatismus, Unduldsamkeit und Heuchelei mit allen ihren Gefahren auf: sie drohen mit der Vergiftung des Denkens.

i) Die Medien und Elemente des unphilosophischen und philosophiefeindlichen Theologenthums sind die Gnadenmittel und die Wunder.

Wirkungen auf den innern sittlichen Charakter des Menschen hervorzubringen, sind äusserliche Werkzeuge nicht im stande; nicht einmal die Merkzeichen können angegeben werden, durch welche sich „göttliche Erleuchtungen" und „Herzensänderungen" von subjectiven Einbildungen unterscheiden. Es ist wahr, die Unmöglichkeit, dass Gnadenwirkungen von Gott ausgehen zur Ergänzung eines ernsten, wenn auch unvollkommenen Tugendstrebens auf seiten des Menschen, lässt sich nicht erweisen. Aber der Mensch kann solche Wirkungen nicht herbeirufen, und es ist für ihn Pflicht, statt auf göttliche Beihilfen zu warten, von sich aus zu thun, was in seinen Kräften liegt. „Wunder" vollends, Erscheinungen, welche den Erfahrungsgesetzen widerstreiten, haben für die Befolgung unserer sittlichen Pflichten

nicht im geringsten irgend eine Bedeutung. Niemand
glaubt an Wunder in seiner unmittelbaren Gegenwart;
die Beschränkung derselben auf die Vergangenheit und
auf seltene Fälle macht das nach unsern Naturgesetzen
Unmögliche keineswegs wahrscheinlicher.

Ich will die Stellung, welche Kant der Philosophie
gegen die Theologie und über derselben zuweist, zu-
sammenfassend kennzeichnen.

Die „Geschäftsleute" der obern Facultäten, sagt der
Kritiker, gleichen „Wundermännern". Ihren „Obser-
vanzen" legt das abergläubische Publikum „magische
Kraft" bei. Nicht auf „Selbstthun" ist es bei ihnen
abgesehen, sondern auf die „Gemächlichkeit"; nicht
sittlich will man werden durch das Handeln, selig will
man sein im Glauben, im Gehen- und Sich-gehen-
lassen. Solchem Wesen öffentlich und freimüthig ent-
gegenzuarbeiten, hat die Philosophie die Pflicht und
die Befugniss. Der Philosoph ist gehalten, Aufklärung
zu verbreiten darüber, in welcher Ordnung „zwei gute
Sachen", Vernunft und Statut, Religions- und Geschichtsglaube, Tugend und Frömmigkeit, Sittlichkeit und Be-
seligung, miteinander zu verbinden sind.

Zum „Leitfaden" hat der Philosoph das Gewissen
zu nehmen. Das Gewissen kann bestimmt werden als
„die sich selber richtende moralische Urtheilskraft"
der Vernunft. Die Vernunft nun aber ist sich bewusst,
dass die Ueberlieferung alles Geschichts-, Erschei-
nungs-, Offenbarungs- und Kirchenglaubens auf zu-
fällige Zeugen und Zeugnisse sich stützen muss, dass
sie niemals apodiktisch gewisse Wahrheiten für sich
anrufen kann. So bleibt immer die Möglichkeit

übrig, in den geschichtlichen Ueberlieferungen einen Irrthum anzutreffen. Darum muss der Philosoph eines als Verbrechen gegen das Gewissen und ein anderes als Verbrechen gegen die Vernunft erklären.

Das eine ist die Zumuthung der Sittenlehrer an ihre Untergebenen, den theologischen Vorschriften Folge zu leisten auf die blosse Möglichkeit hin, dass die Sache wahr, erlaubt, nicht unrecht sei. Denn dieser Möglichkeit steht die zweite zur Seite, dass das Befohlene unstatthaft ist. Eine bloss statutarische Moral verlangt also Gehorsam auf die Gefahr hin, dass eine Handlung die an sich gewisse, die vernunftgemässe Menschen- pflicht verletzt: du sollst nur dem Erlaubten, dem a priori Sicheren folgen! Solch ein Probabilismus, und träfe derselbe mit höchster Wahrscheinlichkeit immer das Richtige, geht nicht mit dem Gewissen zusammen, mit der sittlichen Urtheilskraft, welche nicht den zu- verlässigsten, sondern den absoluten Massstab für die Erlaubtheit und Unerlaubtheit fordert.

Den Verstoss gegen die Vernunft begeht die theo- logische Glaubenslehre, wenn sie ihren Bekennern ge- wisse Artikel bei Verlust sogar ihres Standes und der Hoffnung für das Jenseits auferlegt.

„Der nämliche Mann, der so dreist ist, zu sagen: wer an diese oder jene Geschichtslehre nicht glaubt, ist ver- dammt — der müsste doch auch sagen können: wenn das, was ich euch hier erzähle, nicht wahr ist, so will ich verdammt sein!"

Zu solch einem „schrecklichen Ausspruche", meint Kant, ist ein Mensch nicht fähig. Es ist und bleibt ein vernunftwidriger „Religionswahn", Geschichts- glaube sei Pflicht und könne zur Seligkeit führen·

Auch auf Vorbehalt hin kann das bloss Geschichtliche nicht gänzlich statt des rein Vernünftigen eintreten. Wer da glaubt, denjenigen Menschen, welche mit ihrem Handeln und Denken einmal Fesseln unterworfen waren, tauge die Freiheit überhaupt nicht; wer den Machthabenden verstatten will, den „Unreifen" die Freiheit aus Gründen der Erziehung vorzuenthalten, der begeht einen „Eingriff in die Regalien der Gottheit", welche den Menschen nun einmal als freies Wesen erschaffen hat.

So besteht denn die Freiheit der philosophischen Forschung gegenüber der Theologie, wie jeder statutarischen Wissenschaft, darin: jederzeit, vor jedermann, zu Gunsten jedermanns öffentlich und unbedingt einzutreten für das Gewissen und für die Vernunft, für das Gesetz der Vernunft und für das Recht ihrer Selbstbestimmung. Gegen jede Form von „Heteronomie", gegen jeden Denkzwang, welcher durch fremde Regel das Handeln meistern will, ist anzukämpfen. „Autonomie" des Geistes, die sich als „Heautonomie" fühlt, ist der Siegespreis. Freiheit ist das Ende der Natur, welche dem Menschen das Ideal von der innern Zusammenstimmung, von dem Einheitsziele des Denkens und des Wollens in das Bewusstsein gepflanzt hat. Der vernünftige Geist gibt sich sein Pflichtgesetz, indem er es befolgt, und der sittliche Geist folgt dem Gesetze, welches durch die freie Anerkennung des Ideales geschaffen ist.

Wer hört ihn nicht gerne, den poetischen Wohllaut von der Freiheit! Wer lauscht nicht dem Klange, zumal wenn der geistvollste der Kantschüler, wenn der volksthümlichste und gefeiertste Sänger der Deutschen den etwas leblosen Benamungen Seele verleiht!

Friedrich Schiller preist in seiner akademischen Antrittsrede von 1789 das Jahrhundert, da der Mensch das „kostbare Vorrecht errungen, über seine Fähigkeiten frei zu gebieten und dem Rufe seines Genius zu folgen“. Der Redner des Enthusiasmus weist dem „philosophischen Geist“, im Gegensatze zum „Brodgelehrten“, einen überragenden Standpunkt an in der Mitte der Zeiten, über dem Fluss alles Sinnlichen. Dort oben soll der freie Denker Ausschau halten in die Vergangenheit und in die Zukunft. Wie ist gegen ihn, den Mann von Genie, der Mensch beklagenswerth, „der mit dem edelsten aller Werkzeuge, mit Wissenschaft und Kunst, nichts Höheres will und ausrichtet als der Taglöhner mit dem schlechtesten! der im Reiche der vollkommensten Freiheit eine Sklavenseele mit sich herumträgt!“

Das ist der Freiheitsbegriff des Philosophen auf Dichterlippen.

Wir stimmen den Aufstellungen in einem Punkt unbedingt bei. Der Punkt ist es, um welchen sich der Doppelgedanke bewegt: Wahrheitssätze, welche durch Vernunftbeweise zu erhärten sind, lassen keine Geschichtsbeweise zu, und es ist verfehlt, den Vernunftbeweis, welcher durch Autoritätszeugnisse beleuchtet werden kann, durch dieselben ersetzen zu wollen.

Was soll hier betont werden? Der Philosophie gebührt es, in der Republik der Wissenschaften ein freies Richteramt zu verwalten. Der Philosoph hat die Pflicht, bei der Prüfung der Forschungsgrundsätze, Forschungsweisen und Forschungsergebnisse, wie die positiven und die theologischen Wissenschaften sie pflegen und fördern, sich von keiner andern Rück-

2 **

sicht als von den ihm ureigenen Fragen leiten zu lassen.
Sie lauten, diese Fragen: Ist eine Aufstellung auf
wissenschaftlichem Gebiet an einen Grund gebunden,
und ist sie nach logischer Nothwendigkeit mit ihrem
Grunde verkettet? Ist ein Satz sicheres Erträgniss
der Erkenntniss und mit andern gewissen Sätzen verträglich? Oder ist er blosse Theorie? ist er gar nur
Hypothese? Gehört ein Satz zur Erklärung eines
wissenschaftlichen Thatbestandes, ohne dass die Ent-
stehung des Bestandes durch den Satz begriffen sein
will? oder ist eine Annahme gar blosser Erklärungs-
versuch?

Wenn wir mit Kant überzeugt sind: der Philosophie kommt unbedingt die Befugniss zu, jede Sonder-
wissenschaft auf die formale Richtigkeit ihres Inhaltes
und auf die logische Folgerichtigkeit ihres Zusammenhanges mit den übrigen Wissenszweigen zu prüfen;
der Philosoph ist gehalten, die logisch-formale Wahrheit des menschlichen Erkennens zu controlliren, ohne
Unterlass und ohne Ansehen der Personen: — wird da
nicht jeder Vertreter des menschlichen Wissens dem
Philosophen von Königsberg und uns vorbehaltslos
zustimmen? Wird nicht jedermann, der den logisch-
sachlichen Aufbau der Wissenschaften von den Hypo-
thesenbauten unterscheidet, dieselbe Forderung geltend machen? Ob der Forscher es thut im Namen
seiner Specialwissenschaft, die ja auch in der logischen
Kraft ihren Stolz sucht, oder ob es geschieht im
Namen der Philosophie, das verschlägt uns gar nichts.

Im sittlich-politischen Sinne bedeutet Freiheit
ein Zweifaches: die Unabhängigkeit des Individuums
von der Zwangsregelung für sein Leben, und die

Theilnahme des Einzelnen an der Macht, welche das Leben der Gesamtheit regelt. Ich nehme keinen Anstand, dementsprechend die Autonomie des Philosophen als Autokratie gelten zu lassen. Der Vertreter der Denkwissenschaft muss in seinen Bewegungen nicht bloss unabhängig sein von den Gesichtspunkten, welchen die historischen und positiven Wissenschaften folgen, sondern er hat den Einzelwissenschaften auch das Richtscheit bereit zu stellen, welches diese handhaben müssen, wenn sie sich wissenschaftliche Richtigkeit und richtige Wissenschaftlichkeit erarbeiten wollen.

Die Freiheit der Philosophie so fassen, heisst ihre Unentbehrlichkeit, heisst die Unersetzbarkeit der Denkwissenschaft mitbetonen. Haben wir damit aber unsere Frage beantwortet? Ist das Problem von der Freiheit der philosophischen Forschung gelöst, wenn durch Kant und nach Kant der Beweis erbracht ist, dass der Philosoph sich nichts unbesehen bieten und sich nichts unbesehen gebieten lassen darf von der positiven Wissenschaft, dass seine einzige Herrin die Wahrheit ist?

Nein, unsere Frage ist nicht erledigt durch die Antworten von Kant!

Wir streiten uns nicht darüber, ob der Philosoph selbständig und frei die Wahrheit vortragen soll. Im Grunde finden sich da keine Schwierigkeiten. Die Schwierigkeiten wachsen und wachsen thurmhoch, wenn es zu wissen gilt, was der Philosoph selbständig und unabhängig als Wahrheit verkündigen darf. Hat Kant diese Schwierigkeiten gehoben? und wenn nicht — warum nicht?

Der Philosoph hat an sein Freiheitsbild reiche Farben gewendet. Er hat dem Bild auch einen Rahmen

gegeben: er hat wie Schiller die „Freiheit der Vernunft" abgegrenzt gegen die „Freiheit der wilden Be-
gierde". Kant aber hat sein Bild gleich gemalt. Eine
scharf umrissene Studienzeichnung ist der Malerei nicht
vorausgeschickt.

Fragen wir den Urheber des Kriticismus nach den
Leitideen, deren die Schlingpflanze Freiheit benöthigt
ist; fragen wir nicht nach dem Formale, wie — sondern nach dem Materiale, welchem ein freigeborner
Denker bei der Inhaltsangabe seiner Weltanschauung
folgen soll: welche Antwort müssen wir von Kant erwarten? Kann er uns andere Leitideen nennen als
diejenigen seiner Philosophie, diejenigen des kritischen Rationalismus?

Es gehört zum Allerschwierigsten hienieden, Goethes
Wort von den „Freiheitsaposteln", deren ein jeder am
Ende nur seine Bahn offen sehen will, Lügen zu strafen.

Es will nicht geläugnet werden: trotz der mannigfachen Versuche des spätern Kriticismus, dort einen Um-
weg zu meiden, hier eine Krümmung zu kürzen an Kants
Gedankengängen, trotzdem steht die eigentliche Bahn-
führung der deutschen Philosophie heute noch bei dem
Altmeister der Vernunftkritik. Ebendeswegen kann die
Antwort auf die Frage nach der Freiheit des philosophischen Denkens, die Antwort, wie sie der kritische
Rationalismus bereit hält, wie er sie auf Grund seiner
Ideen und nach Massgabe seiner Ideale construirt,
nicht die genügende Lösung sein.

Inhaltlich sind Kants Antworten unbefriedigend,
weil sie, worauf ich hier nicht eingehen kann, der Geschichte nicht gerecht werden, zumal weil sie der
Geschichte des christlichen Dogmas kritische Gewalt an-

thun. Lässt sich doch der Philosoph von seinem Eifer
für das Apriori, welches den Beweis eines Vernunftsatzes
durch ein geschichtliches Factum unmöglich machen soll,
fast bis zu der Läugnung treiben, dass eine geschichtliche Thatsache überhaupt mit Gewissheit festgestellt
werden könne!

Formell sind Kants Antworten ungenügend, weil
sie der menschlichen Vernunft Fähigkeiten zutrauen,
die ihr bloss zugedichtet sind, und Rechte zugestehen,
welche die Erkenntnisswissenschaft nicht zu begründen
vermag. Müsste doch die Freierklärung allein der
kritisch-rationalistischen Philosophie die Be-
strebungen der Philosophie, der Philosophia perennis,
unter das Joch beugen!

II.

Das Concil vom Vatican ist vorsichtig in der
Behandlung der Frage von den Freiheitsrechten der
natürlichen Wissenschaften.

Selbst auf theologischem Boden hat man sich ge-
hütet, die Dogmata durch Formeln zu bestimmen, in
welchen die Schulen ihre Meinungen niedergelegt
hatten. Keine freie Ansicht sollte durch die Bevor-
zugung der einen oder der andern Auffassung Be-
nachtheiligung erfahren. Darum darf gesagt werden:
im Interesse der wissenschaftlichen Freiheit ist es dem
Concil eine erste Sorge gewesen, diejenigen philosophischen Richtungen abzuweisen, die sich als die
alleinberechtigten aufthun wollen.

Philosophen, welche die Berechtigungsgründe für
ihr Forschen bittweise geltend machen und welche

ihre ausschliesslichen Gesichtspunkte der fremden Forschung befehlsweise darbieten — beides heisst in der
Logik „αἰτεῖσθαι τὸ ἐν ἀρχῇ" —, sind Vertreter des Denk-
subjectivismus. Seine Herrschaft müsste die Freiheit
d e r Philosophie tödten.

Ein lehrreiches Beispiel bilden die Concilsverhand-
lungen über die rationale Gotteslehre. Engherzigen
Vorstellungen in Sachen der natürlichen Gotteserkennt-
niss hat ein Bischof zu bedenken gegeben, dass unter-
schieden werden müsse zwischen den „Principia rationis" und dem „Exercitium", zwischen dem „Modus
cognitionis" und der „Cognitio". Das Exercitium, der
Modus der Vernunfterkenntniss soll in seiner Be-
wegungsfreiheit nicht verschränkt werden.

Ich zage nicht, hochansehnliche Corona, vor einem
hier möglichen Einwande. Zugegeben, kann man mir
entgegenhalten, das Exercitium des Denkens, seine
Bethätigung wolle freigelassen sein! Wie steht es aber
mit dem Principium der Freiheit und mit dem Richt-
punkt ihrer Bewegungen?

Der Einwand wird scharf im Auge behalten. Zunächst jedoch sollen die philosophischen Meinungen
mit subjectivem Freiheitsbegriffe, welche dem vaticanischen Concile vorgeschwebt haben, Berücksichti-
gung finden.

Die Voraussetzung für die Kirchenversammlung
bildet der alt- und allbekannte Hauptinhalt der christlichen Erkenntnisslehre.

Es gibt eine doppelte Erkenntnissordnung, e i n e n
Erkenntnissbau mit zwei Stockwerken, wenn ich so
sagen darf. Die beiden Ordnungs- und Bauglieder
unterscheiden sich dem Princip und dem Objecte nach.

Bei dem ersten Gliede sind die Erkenntnissmittel und die Erkenntnisskräfte jene, welche der allgemeinen, der natürlichen Menschenvernunft zu Gebote stehen; die Erkenntnissgegenstände werden hier gebildet von der Gesamtheit dessen, was in den Bereich der Vernunft fallen, was von dem Strahl ihres Lichtes getroffen werden kann. Bei dem andern Abtheilungsglied ist Aneignungsmittel das Glauben; die Summe der Glaubensgegenstände machen die Mysterien aus. Das sind die Wahrheitssätze nebst den Sittenvorschriften, welche den Inhalt der übernatürlichen, der an die Menschenvernunft ergehenden und über sie hinausgehenden Offenbarung darstellen.

Diese Zweitheilung der menschlichen Erkenntniss knüpft an eine geschichtliche Thatsache an. Es ist die Thatsache, dass die Erkenntniss des Menschen und der Menschheit aus Glauben und Wissenschaft zusammengesetzt ist. Gleichzeitig ist auch eine psychologische Thatsache berührt. Sie besagt: seinen Erkenntnissstoff kann sich der Mensch durch das Glauben und das Wissen erwerben, und diese Erwerbungsart ist die naturgemässe. Die Doppelthatsache nun hat die Philosophie zu erklären.

Die Schulen mit einseitigem Freiheitsbegriff und mit subjectiven Freiheitsansprüchen lassen sich bezeichnen als die naturalistischen und rationalistischen. Sie machen die Voraussetzung: ausser dem Inbegriff dessen, was in dem Sammelworte Natur gesagt ist, existirt nichts, und ausser der Verstandeskraft (ratio) gibt es kein Erkenntnissmittel; die Naturdinge sind, um erkannt zu werden, in die Formen des Verstandes zu fassen, und wofür sich keine verständige

Fassung findet, das kann gar nicht Erkenntnissgegenstand sein.

Selbstverständlich wird Immanuel Kant vom Concile nicht beim Namen gerufen. Sein rationalistischer Grundgedanke wird aber als einseitiger abgelehnt. Der Glaube schon an die Möglichkeit eines Wahrheitsgehaltes, der über die Gussformen des Apriori hinausgreift, wie sie der Kriticismus für die Vernunft zurechtgestellt hat, dieser Glaube wird ja von Kant als Aberglaube bezeichnet. In religiösen Dingen will der Philosoph höchstens von einem Vernunftglauben etwas wissen. Dessen Beweggrund kann bloss die Vernunfteinsicht sein. Folglich ist alles, was als äussere Offenbarung an das religiöse Gemüth herankommen will, weil dem Wissen unfasslich, lediglich als Inhalt des Geschichtsglaubens zu behandeln. Was etwa davon sich vor dem Denken legitimiren kann, vermag dies nur, wenn es und weil es sich als die symbolische Hülle eines Vernunftkernes ausweist. Darum sind die philosophischen und die theologischen Wissenschaften, falls letztere Wissenschaften sein wollen, auf demselben Fusse, nach einem und demselben Massstabe zu betreiben.

Eben die Ablehnung des letztgenannten Forschungsgrundsatzes durch das vaticanische Concil trifft den kritischen Rationalismus.

Halbe Rationalisten mögen jene Männer heissen, welche, im Anschluss an Hermes (1775—1831) und mit diesem verurtheilt, den thätigen „Herzensglauben" von dem „Erkenntnissglauben" unterscheiden. Den letztern, das leidende Glauben, setzen sie in den nothwendigen Assens der theoretischen und in den nothwendigen Consens der praktischen Vernunft ihren Vorlagen

gegenüber. So wird das Glauben der religiösen Wahrheiten mit dem Hinnehmen der ersten Verstandes-
grundsätze (habitus primorum principiorum) verwechselt
und als etwas logisch Erzwingbares dargestellt. Die
hierdurch angebahnte Zerstörung des Unterschiedes zwischen Glaubens- und Denkgegenstand ist aber sicher
keine Erklärung desselben; sie ist philosophischer
Subjectivismus.

Eine besondere Gruppe des Subjectivismus sind
die Mystiker und die Theosophen von heute, die
Männer, deren Meister diesseits der Alpen Friedrich
Ernst Daniel Schleiermacher (1768—1834) und jenseits
der Berge Vincenzo Gioberti (1801—1851) sind. Nicht
durch Verstandeskriterien und nicht durch solche, die
von äusserer Autorität geboten werden können, sondern
durch innere Erfahrung, durch das Zeugniss des im Innern des Menschen redenden „Geistes“, durch unmittelbare Gewissheit, durch den „Religionssinn“ und sein
Schauen, durch das Kosten und Schmecken des Göttlichen wollen die „Glaubens- und Gefühlsphilosophen“
den Unterschied zwischen Wissenschaft und Offenbarung ausgleichen.

Nach ihrer Verstandesseite hin entwickeln diese
Meinungen Rationalismus. Die Fragen aber von der
Freiheit der Vernunft dem Glauben gegenüber sind
hier gar nicht berührt, geschweige denn gelöst. Wenn
ich das Göttliche mit dem Sinn und Organ prüfe,
wodurch der Kenner Kunstwerke, Melodien, Harmo-
nien, die Schönheitslinien einer plastischen Gestalt beurtheilt, dann hab' ich den Glaubensinhalt als Erkenntnissgegenstand vernichtet. Es wird der Glaube
genau wie das Glauben zur Geschmackssache herab-

gesetzt. Von freien oder unfreien Beziehungen zwischen
Offenbarung und Wissenschaft kann jetzt so wenig mehr
die Rede sein als von solchen zwischen den Begriffen
„Weisheit" und „Süsse", zwischen „Logik" und „Regen-
bogen".

Die genannten Auffassungen stehen auf der Seite
des philosophischen Subjectivismus am weitesten nach
links. Innerhalb der Kirche hat Lessings Rationalismus eine zweifache Färbung angenommen.

Die geoffenbarten Wahrheiten, sagt man, sind
als Geheimnisse zu behandeln und in Dogmenform
zu fassen. Die Dogmata besitzen aber nur relative
Wahrheit. Sie sind jeweils die didaktischen Abkür-
zungen für die Formeln, in welchen die Wissens-
posten bestimmter Zeit- und Bildungsepochen das
Uebersinnliche begreiflich machen wollen. Deshalb soll
man die Dogmen nach der Wissenschaft, zumal nach
der Psychologie, der Selbsterkenntnisslehre jedes Jahrhunderts erklären.

Gemeint ist damit nicht: die Glaubenssätze sollen
für das speculative Erkennen entwickelt und für das
praktische Können dargestellt werden durch die Beweismittel, welche dem Bildungsgrad jedes Zeitalters
entsprechen. Gemeint ist vielmehr: Begriff und Kern
der Dogmen sollen durch die Erkenntnissmittel der
Zeit geschaffen werden.

Nur eine genauere Ausbildung dieser Ansicht ist
die andere, welche der Zeitphilosophie die Befähigung
und die Befugniss zutheilt, die Sätze des Offenbarungs-
glaubens, nachdem sie historisch gegeben sind, rational
zu demonstriren. Die alte Formel von Giovanni
Battista Vico (1668—1744): das Factum mit dem

Verum zu convertiren, will in neuem Sinne wiederholt werden.

Die Einseitigkeit des Versuches springt ins Auge. Der gesamte Offenbarungsinhalt soll als ein System reiner Vernunftlehren begriffen, die Offenbarungsthatsache jedoch soll als Mysterium verehrt, soll als das unerforschliche Geheimniss der göttlichen Pädagogik in der Geschichte geglaubt werden.

Wohin gelangt man mit solcher Forderung? Man gelangt zu der seltsamen Unterscheidung: ein Philosoph könne wohl der theologischen Autorität sich unterordnen, die Philosophie dürfe derselben aber niemals folgen; die Theologie müsse sogar die Irrungen der Philosophie gewähren lassen, bis die letztere von sich aus die Besserungen gefunden u. a. Was wäre die Folge dieser Annahme? Ich weiss nicht, wo der Vertreter derselben sich verankern wollte, wenn nicht zwischen Scylla und Charybdis. Er lehrt im Grund eine theologische und eine philosophische Philosophie; die zweifache Philosophie muss aber mit der „doppelten Wahrheit" endigen.

Dass die aufgewärmte These von Pietro Pomponazzo († 1526), die schon das fünfte Lateranconcil (1512) verurtheilt hat, vom Vaticanum abgewiesen worden, ist, wenn irgend etwas, im Interesse der wissenschaftlichen Freiheit geschehen. Ein philosophischer Machiavellismus, welcher den durch eine unerklärliche Willkür gearbeiteten Doppelschein der Wahrheit zu verwenden gedenkt, wie der politische Machiavellismus den Schein der Tugend für nützlich und nothwendig erklärt, bedeutet für die Würde der Wissenschaft den Untergang.

Eine Heteronomie des Denkens, die letztlich auch auf Willkür hinausläuft, stellt noch der sogenannte Traditionalismus vor. Es ist die in Frankreich entsprungene Denkrichtung, welche die höchsten philosophischen Wahrheiten, wie den Gottesgedanken, aus der Vererbung und Ueberlieferung erklären will. Von der Vernunft des Einzelmenschen können die obersten Sätze, selbst logisch-mathematische Axiome, nicht gefunden werden; durch das Geheimniss des Wortes und durch die geschichtliche Ausbildung der Sprachen sind sie der Menschheit ein- und werden sie von Geschlecht zu Geschlecht fortgepflanzt.

Durch die Ablehnung der aufgeführten Philosopheme und durch die Bestätigung früher erfolgter Verurtheilungen hat das vaticanische Concil die Freiheit der Philosophie gegen die Philosophen geschützt. „Opinionum commenta", lautet der Ausdruck, sollen nicht als „Effata rationis" ausgegeben werden! Die Philosophen mögen sich hüten, es dahin zu bringen, dass die „Weltweisheit" in den Kreisen der positiven Forscher nicht minder als unter den Anhängern des christlichen Glaubens mit der Figur der paulinischen Hendiadys gekennzeichnet werden muss: als „φιλοσοφία καὶ κενὴ ἀπάτη, philosophia et inanis fallacia". (Col. 2, 8.)

Einen Schritt näher wurde man unserer Hauptfrage geführt durch ein lehrreiches Vorkommniss auf der Versammlung in Rom.

Ein Prälat war der Meinung: unter den menschlichen Wissenschaften sind manche, welche mit der von der Kirche zu hütenden Glaubenshinterlage nichts zu schaffen haben; bezüglich dieser nun sollte das Concil erklären, sie mögen unabhängig von jeglicher Rücksicht auf die Offenbarung betrieben werden.

Dem Ansinnen ward entgegengehalten: vollauf anerkennt die Kirche, dass es Wissenschaften gibt, welche das Glaubensdogma gar nicht oder kaum berühren. Feierlich aber und durch ein allgemeines Concil verkündigen, den gemeinten Zweigen des Denkens komme schlechthinige Unabhängigkeit und sozusagen Steuerfreiheit dem Glauben gegenüber zu, das ist nicht möglich und ist nicht erlaubt. Denn ohne die Zahl und Art dieser Wissenschaften zu bestimmen, ist die Kirche gar nicht in der Lage zu solch einer Kundgebung.

Was ist damit gesagt? Ein Doppeltes wird der Beachtung empfohlen.

Die Freilassung einzelner Wissensgebiete seitens der kirchlichen Autorität kann nicht erfolgen ohne die Zählung derselben, und ihre Zählung wäre nicht möglich ohne die Fesselung der nicht aufgezählten Disciplinen. So wäre die Kirche genöthigt, ein zweifaches Freiheitsmass für das menschliche Denken in Anwendung zu bringen. Dies ist der eine Punkt.

Der andere ist folgender. Feststellen wollen, gewisse Denkzweige seien dem Glauben und der Offenbarung etwas völlig Gleichgiltiges, das würde heissen: ob auf den angedeuteten Gebieten Richtiges oder Irriges vorgetragen wird, ist an sich eine belanglose Sache. Das müsste doch aber die Einheit der Wahrheit gefährden, ein Umstand, welcher weit bedenklicher noch erscheint als das Vorgehen, welches die Gleichheit der Freiheit bedrohen würde.

Allerdings, mag man behaupten, ist es für den christlichen Glauben bedeutungslos, ob die Astronomie, wenn sie z. B. die Bahnelemente eines Planeten jenseits des Neptun bestimmen will, einen Rechnungsfehler macht oder nicht. Es berührt das Dogma nicht, ob ein weiterer Bürger unseres Sonnensystems entdeckt wird oder unentdeckt bleibt. Allein der Astralphysik grenzenlose Forschungsfreiheit zuerkennen mit dem Bedeuten, selbst eine Venia errandi, selbst Irrthümer ihrerseits wären gewicht- und belanglos für das Glaubensgebiet, solches könnte nur, wer einen gewaltigen Verstoss gegen die Grundforderung des logischen Denkens begehen wollte.

Mag die Wahrheit sich vor der endlichen und Einzelvernunft auf zwei Bezirke vertheilen: vor der Vernunft, vor dem Geiste sub specie aeternitatis sind die Wissens- und die Glaubenssätze in einen Begriff zusammengeschlossen. Vor dem einen Logos gibt es keine Freiheit des menschlichen Denkens, gar keine; da gibt es nur das befreiende Gesetz, die lösende Macht des Logos. Ausserhalb des vom Gesetz umschriebenen Kreises noch Denkfreiheit suchen, wäre nicht bloss ein unlogisches, sondern auch ein unsittliches Begehren. Es hiesse nicht, dem Denker unter den verschieden möglichen Wegen zu der einen und einzigen Wahrheit freie Wahl lassen, sondern es hiesse, dem Denken Fälschungsversuche auf Irrpfaden einräumen wollen.

Die Kirche hält unbedingt daran fest, wenn mir ein Bild erlaubt wird: der Architekt, welcher den Bau des menschlichen Erkenntnissvermögens geschaffen hat, kennt dessen Grundriss, und derselbe Meister ist der Herr des Stoffes, aus welchem das Gefüge der menschlichen Gedanken errichtet wird. Mögen die

Verbindungsgänge zwischen unterem und oberem Stockwerk an dem letztern für uns Geheimtreppen bleiben,
solange die Zeit währt und unser Schauen in die Zeit:
sollen wir nicht auf das Ansehen des Baumeisters hin
vertrauen, dass die Gedankengänge von unten nach
oben führen und dass sie richtig führen? Müssen wir
das nicht annehmen kraft der Thatsache, dass wir im
untern Stockwerk einigen Bescheid geben können?
dass wir den Grundplan des untern Baugliedes als
Zeichnung derselben Hand zu erweisen vermögen, an
deren Spur und Führung im obern Stockwerke wir
glauben sollen?

Die positiv christliche Wahrheitsfassung ist die Norm
für die Denkfreiheit des Gläubigen. Steht er nun derselben gebundener gegenüber als der Nichtgläubige
der seinigen?

Entweder läugnet man das christliche Ordnungs-
glied des Wissens einfach und einseitig; oder man
zerschneidet die Verbindungslinien zwischen dort und
hier einfach und einseitig; oder man behauptet das
Dass des Oberbaues einfach und bestreitet die Erkenn-
barkeit seines Was einseitig; oder man fordert die
gleichmässige Durchsichtigkeit beider Bauglieder einfach und einseitig, kann aber die Forderung nicht
stützen; oder man setzt Wahrheit und Willkür als
eins in ihrer Quelle, nimmt ein freies Absurdum zum
Grunde des Denkens und eine absurde Freiheit zum
Grunde des Credos; oder endlich man versenkt das
künstlich ausgeschnittene Stück menschlichen Wissens
in das uferlose Dunkel des Ignorabimus.

Wolle man, was man wolle, man hat so seine Norm
des Denkens! Selbst der Grundsatz, die Philosophie

sei nichts als ein Wissenwollen, eine ziellose Denk-
bestrebung, wäre solch eine Norm. Nur wäre sie,
wenn man den innern Widerspruch eines „ziellosen
Wissenwollens" nicht in Anschlag bringen mag, eine
inhaltslose Norm.

Nun ist die Frage: welches Denken ist freier, jenes,
das einer gegebenen, oder jenes, das einer gemachten
Wahrheitsnorm folgt in seinen Bewegungen? Dem
erstern, weil es die Willkür des letztern ablehnt, weil
es in einem objectiven Freiheitsgesetze sein Princip
sucht, deshalb mindere Berechtigung zusprechen wollen, dazu liegt jedenfalls kein logischer, kein philosophischer, kein wissenschaftlicher Grund vor.

Unser Gedanke wird verdeutlicht durch den Wortlaut des vaticanischen Concils, dort wo von dem
Wesen der philosophischen Erkenntniss und von
der Freiheit der philosophischen Forschung gehan-
delt ist.

Das Wesen des philosophischen Wissens besteht
in dem Erkennen „propter intrinsecam rerum veri-
tatem naturali rationis lumine perspectam".

Dieser Wortlaut der Concilsentscheidung besagt
nicht, was die absolute Philosophie behauptet: der
Philosoph durchschaut die innere Wesenheit eines
Dinges und aller Dinge, oder er wird einmal zu solch
durchdringendem, erschöpfendem Wissen gelangen.
Vielmehr wird ausgedrückt: philosophisches Erkennen
ist das Durchschauen der Wahrheit, ist das Erfassen
des innern Grundes in einem Wahrheitssatze, das Verstehen des innern Zusammenhanges unter den Wahrheitssätzen, und zwar das Ergründen solcher Sätze,
welche die Denkkraft des menschlichen Geistes durch

sich selber gefunden hat und aus sich selber zu beweisen vermag.

Zum Wesen des philosophischen Wissens gehört seine logische Erzwingbarkeit; eine Versündigung dagegen wäre die Geltendmachung von blossen Autoritätsbeweisen („extrinseca veritas“).

Der pythagoreische Lehrsatz ist nicht wahr, weil ihn der Geometer bewiesen hat; sondern dieser hat ihn bewiesen, weil er wahr ist. Die drei Sätze der Elementarmechanik, die Newton aufgestellt hat, sind nicht richtig, weil der Physiker sie bestimmt hat, und sie würden nicht richtig, wenn alle Physiker der Welt sie befehlen würden; sondern die Sätze sind festgestellt und können jetzt befohlen werden, weil sie richtig, weil sie aus dem Wesen der Körperlichkeit ableitbar sind („intrinseca rerum veritas“).

Werden wir, nachdem das Wesen der Philosophie, wie geschehen, gekennzeichnet ist, über die Freiheit der Philosophie eine andere Formulirung erwarten, als das Vaticanum sie gegeben hat?

Ich nenne wieder den Wortlaut, und man darf die katholische Kirche hier redend denken im Namen aller Gottes- und Christusgläubigen ohne Unterschied des Bekenntnisses.

„Weit entfernt, dass die Kirche — das Christenthum — der Pflege der menschlichen Künste und Wissenschaften im Wege steht, fordert und fördert sie dieselbe mannigfach. Denn die Kirche misskennt und missachtet die Güter nicht, welche das Wissen beständig über das Leben der Menschen ergiesst. Und keineswegs will die Kirche verbieten, dass die menschlichen Wissenschaften jeweils in ihrem Bannkreise von den ihr eigenthümlichen Ausgangspunkten und von der ihr eigenthümlichen Forschungsweise Gebrauch machen."

Abgesehen von den praktischen Zwecken, welchen die Wissenschaften dienen können und in ihrer Art jede dienen soll, wird die legitime Freiheit derselben (iusta libertas) darein gesetzt, dass ein jeglicher Wissenszweig sein Forschungsfeld umgrenzt (in suo quaeque ambitu), seine leitenden Gesichtspunkte geltend macht (propriis principiis), seine Forschungsart demgemäss einrichtet (propria methodo), und dass er selber all dies thut, nichts aber für sich thun lässt (utantur, im Gegensatze zu mutuari, regi, manuduci).

Ein Beispiel mag uns die Selbständigkeit der natürlichen Wissenschaft auf ihrem Boden, die Freiheit in ihren Bewegungen, die eigene Gerichtsbarkeit in ihren Streitsachen verdeutlichen. Ich entnehme dasselbe der Mathematik.

Man streitet sich, ob der Raum, in dem wir leben, dreifach oder n-fach ausgedehnt ist. In diesen Streit könnte das kirchliche Lehramt, ganz abgesehen davon, dass der Streitgegenstand dem Glaubenskreise völlig fernliegt, schon aus dem Grunde nicht eingreifen, weil weder Christenthum noch Kirche den Massstab der absoluten Geometrie besitzen. Eine absolute geometrische Erkenntniss findet sich nirgends in der Welt als fertiges Resultat vor, sondern kann höchstens als Ideal vorgestellt werden, als Ideal, von welchem das menschliche Denken nicht als von einem Princip ausgehen kann, sondern welchem es als seinem Ziele nachgehen soll.

Das Parallelenaxiom Euklids, das im Mittelpunkte der neuern Untersuchungen über die Raumabmessung

steht, konnte, soviel ich weiss, bis zur Stunde noch nicht
bewiesen werden. Für irgend einen der vorliegenden
Beweisversuche dürfte sich die christliche Lehrautorität
nicht einmal so weit interessiren, dass demselben ein
Vorzug vor den andern zuerkannt, dass die Richtung,
in welcher der Beweis sich bewegt, für die richtige
erklärt würde.

Um ganz allgemein zu reden: der Streit von Sätzen
oder der Streit um unentschiedene Sätze — beweisbar
Richtiges und erweislich Falsches ist kein Gegenstand
wissenschaftlichen Streites — bleibt der menschlichen
Gelehrsamkeit unbedingt freigelassen. Sobald aus er-
wiesenen Sätzen dargethan ist, dass fragliche Sätze
diesem oder jenem Wissensgebiete zugehören, mögen
die Vertreter des Zweiges sich, wie sie wollen, entscheiden. Das Recht ihrer Freiheit reicht genau so
weit als das Gewicht ihrer Gründe. Das Recht hat
nur eine allgemeine Schranke, nämlich die, dass weder
ein sachlicher noch ein formeller Irrthum für etwas in
sich Gleichgiltiges ausgegeben werden darf. Eine
wissenschaftliche Unredlichkeit wäre es, wenn eine
Hypothese, weil sie ein erlaubtes und ein unentbehr-
liches Erklärungsmittel für das Forschen bildet, mit
der Erklärung selber gleichgesetzt würde.

Ich will noch ein Beispiel nennen. Sollte man
innerhalb einer theologischen „Richtung" etwa dedu-
ciren wollen: das vaticanische Concil lehrt die Erkenn-
barkeit des persönlichen Gottes; folglich ist das Dasein
Gottes beweisbar; also sind die bekannten Schulbeweise
jeder für sich anzuwenden — da würde solch ein
Schlusssatz nicht bloss einen starken Ueberschuss an
theologischer Unwissenheit, sondern auch einen starken

3 *

Mangel an philosophischer Gewissenhaftigkeit ver-
rathen. Ueber die Schlusskraft gewisser Fragmente
zum Gottesbeweis hat das Vaticanum nichts gelehrt,
und die Mehr- oder Einzahl beim logischen Beweisen
bildet nicht ein dogmatisches, sondern ein rationales
Problem.

Der Einwand, den ich früher genannt habe, nicht
um seiner zu vergessen, ist im wesentlichen schon erledigt. Ich will ihn aber einer gesonderten Prüfung
noch unterziehen. Er wird nicht eigentlich gegen die
Freiheit, sondern gegen den Begriff der christlichen
Philosophie gerichtet.

Man sagt: die Philosophie verträgt keine Zusatz-
bezeichnung, weder eine ausschmückende noch eine
einschränkende. Die Beifügungen mögen als geschichtliche Titel hingehen. An sich ist die Philosophie
weder griechisch noch christlich, weder arabisch noch
katholisch noch protestantisch, weder französisch noch
italienisch noch englisch noch deutsch: sie ist schlechthin die Philosophie, die Wissenschaft von den höchsten Gründen des Wissens. Mithin ist die Forderung
des kirchlichen Lehramtes, das eine christliche Philosophie beansprucht, eine Contradictio in adiecto; die
Versicherung aber, die christliche Philosophie solle frei
sein, ist eine Contradictio in terminis. Ist die Philosophie christlich, dann ist sie kirchlich gebunden; ist
sie frei, dann ist sie nicht christlich.

Es wird also eine intersäculare, internationale, inter-
confessionelle Weltsprache der Philosophie verlangt.
Oder wenn unser Schiller das Wort haben soll: es
ist Gebot, dass der Philosoph immer die Wahrheit
mehr lieben soll als sein System.

Wenn jemand diese Forderung unterstützt, wenn jemand diesem Gebote sich unterordnet, dann ist es der Vertreter der christlichen Philosophie.

Es ist wahr, die Kirche will, dass die Wissenschaft nichts vortrage, was unmittelbar oder mittelbar gegen das Dogma des christlichen Theismus verstösst. Es ist wahr: das Denken soll frei sein; aber seine Grenzen soll es nicht überschreiten; in das Gebiet des Glaubens soll es nicht einbrechen, um da Verwirrung anzustiften. Es darf nicht der mindeste Zweifel obwalten: der biblisch-theistische Wahrheits- und Sittlichkeitsbegriff ist für mich die Norm des Denkens und des Wollens. Das sei wiederholt und dazu sei betont: ein gegebenes Denkgesetz behindert die Freiheit meines philosophischen Suchens mindestens ebensowenig als eine gemachte Denknorm, und indem ich mich auf meinen Standpunkt stelle, hab' ich allermindestens ebensoviel philosophisches Recht, als die Wahl irgend eines andern Standpunktes beanspruchen darf.

Zerlegen wir, was der Einwand gegen die christliche Wissenschaft oder gegen die Wissenschaftlichkeit der christlichen Philosophie gemeiniglich zusammenfasst!

Was ist Thatfrage? Die Religions-, Glaubens- und Gewissensfreiheit, die Bekenntniss- und die Cultusfreiheit gehören nicht zu unserer Quaestio facti. Diese Freiheitsfragen fallen in das Gebiet der Moral und der Kirchenpolitik. Der Philosoph mit seinem Probleme von der Denkfreiheit steht eine Stufe unterhalb dieses Gebietes.

Kann und darf die Denkfreiheit nun von irgend einer Autorität eingeschränkt werden? Die Rechts-

frage macht keine Schwierigkeit. Ist die Kirche eine
sittlich-rechtliche Gemeinschaft, dann darf und muss
sie ihren Gliedern die Glaubenswilligkeit, die Ehr-
furcht und die Hingebung an das religiöse Glaubens-
system gebieten; umgekehrt müssen alle, die zum
kirchlichen Verbande zählen, die gläubig sein wollen,
den Grundgesetzen der kirchlichen Verfassung im
Handeln und im Denken folgen.

Ist das aber möglich, und wie ist es möglich?
Kann das Denken gehorchen? Kann es sich unter
ein anderes Gesetz stellen als dasjenige seiner Be-
wegung? Kann ein Stein nach einem andern als dem
Fallgesetze fallen? Wie ist ein Denkgehorsam denk-
bar (sub specie, sub quaestione rationis)?

Der unbefangene Kritiker des christlichen Standpunktes gibt sofort zu, dass es sich nicht um das Denken der
formalen Logik, nicht um eine Meisterung des Denkens
handelt, welches das Instrument des Wissens ist. Ferner
räumt er sofort ein, der unbefangene Kritiker, dass der
kirchliche Standpunkt überhaupt nicht ein „Crede“, sondern ein „Cave“ bedeutet. Das Dogma des Christenthums wird der Wissenschaft nicht a priori zur positiven, sondern zur negativen Orientirung vorgesetzt.

Ist aber, fragt sich eben, das Wort von der „negativen Orientirung“ nicht ein logischer Widersinn?
Enthält dies Wort nicht eine Forderung, gegen welche
sowohl die ausserhalb des Christenthums Stehenden
sich aussprechen müssen, als auch jene sich verwahren
sollten, die in der Kirche und auf dem Boden des
Theismus beharren wollen?

Setzen wir einen Fall! Zum pragmatischen Begriff einer Regierungshandlung Karls V. fehlt die ge-

nauere Kenntniss des geschichtlichen Materials; das
Factum ist in seiner nackten Thatsächlichkeit bekannt,
und von einem bestimmten Gelehrtenkreis ist auch
festgestellt, dass das Fehlende zu suchen ist in der
Bibliothek des Vaticans.

Welchen Sinn hätte nun eine etwaige Weisung des
Vaticans an die Geschichtsforscher, sie sollten sich
hüten, in Wien oder Madrid oder Paris nachzusehen,
um den gesuchten Begriff erheben zu können? Hätte
solch eine „negative Orientirung" nicht den aller-
besten Sinn? Wäre sie nicht die Voraussetzung und
Stütze der Freiheit für die Geschichtsforschung, wenn
Sicherung gegen den Irrthum zur historischen Aufklärung, zur geistigen Befreiung gehört?

Ich weiss recht gut, dass mein Fall nicht ganz
gleich, sondern nur sehr ähnlich liegt mit dem an-
genommenen. Ich weiss, dass man von mir oder von
der Kirche sofort den Beweis verlangt, inwiefern das
Christenthum die absolute Wahrheit sei. Ich habe
keineswegs übersehen, was ich in anderem Zusammen-
hange hervorgehoben: eine absolute Philosophie gibt
es nicht im Sinn eines Denkresultates — nur ein Suchen
nach dem philosophischen Denkideale gibt es.

Wer nun aber meinen Standpunkt beurtheilt, behauptet entweder den Begriff und die Möglichkeit
einer absoluten Wahrheit im Sinn eines Ideales, oder
er läugnet beides. Sagen wir kurz: wer mein Dogma
anficht, stellt vor demselben seinen Glaubensartikel
auf, und er thut es entweder durch eine Gegenposition
oder durch reine Negation.

Im ersten Falle muss der Kritiker seine Wahrheit
aufzeigen können, sei es, dass er sie als sein Besitz-

thum ausweist, sei es, dass er auf den Ort hinweist, wo die Gegenwahrheit zum Christenthume zu finden ist.

In diesem Falle wird der Philosoph die Freiheit des Denkens genau so bestimmen, wie die Kirche es thut. Der Philosoph würde sein Denkideal, seinen Glauben an das Wahrheitsideal dem Suchenden als Orientirungsnorm vorschreiben und er würde den Versuch für bare Ungereimtheit erklären, wollte jemand in eine solche Weisung Beschränkung des Erkenntnissfortschrittes hineindeuten, wollte jemand die Denkfreiheit als Erlaubtheit des Irrens in Anspruch nehmen.

Soll nun, was einem „positiven" Philosophen, einer Einzelperson verstattet ist, eben dasselbe für die Kirche, für eine Corporation unphilosophisch sein? Soll es unphilosophisch und unfrei sein, wenn ich bei dem Suchen nach der materialen, der metaphysischen, ethischen und religiösen Wahrheit die formale, die logische Wahrheit zum verbietenden Massstab wählen muss? Soll es unphilosophisch sein, wenn ich an die Möglichkeit einer Vollendung dessen glaube, wovon ich jetzt den Anfang berühren kann? Soll ich unfrei denken, wenn ich — dieses Bild möchte den eigentlichen und einzigen Sinn andeuten, welcher in der Forderung der christlichen Philosophie liegt — soll ich unfrei denken, wenn ich die Möglichkeit der unendlichen Summe denke, der Summe, die ich jetzt noch nicht zu berechnen, deren erste Posten ich aber mit dem Zwange der Rechnung zu zählen vermag?

Da verbirgt sich denn gerade die Schwierigkeit! entgegnet mir der „negative" Philosoph; und hiermit komme ich auf den andern Theil meiner obigen Alternative, zu den Behauptungen jener, welche versichern:

die Kirche macht das Dogma zur unfehlbaren Wahrheit und so zur Fessel des Denkens; eine unfehlbare Wahrheit, ein absolutes Denkideal gibt es eben nicht.

Ich kann die zahllosen Aufstellungen dieser Art nicht alle durchgehen; sie finden sich in dem negativen Artikel des Skepticismus zusammen: „Ich glaube, dass wir nichts wissen können." Dessen modernste Maske ist die Hypothese des Relativismus, den John Stuart Mill am glänzendsten vertreten hat (1806—1873).

Alle Wahrheitssätze beruhen nach Mill auf Erfahrung und gelten darum, auch für das mathematisch-logische Gebiet, nur mit Vorbehalt, nur so lange, bis die fortschreitende Erfahrung die Sätze berichtigt oder widerlegt. Die Erfahrung lehrt zwar die Gleichmässigkeit der Natur und des Denkens, aber nur als Wahrscheinlichkeit. Es ist Mills gläubige Ueberzeugung, dass den an die Abstraction und Analyse Gewöhnten keine Schwierigkeit drückt, wenn er die Vorstellung vollziehen will: in irgend einem der Firmamente können sich die Ereignisse folgen ohne bestimmtes Gesetz, rein aufs Gerathewohl.

Der Glaube an den Gott des Zufalles ist mithin das letzte Wort des Skepticismus, des Radicalismus im Läugnen. Ist damit die gesuchte Denkfreiheit gewährleistet, die Freiheit nicht innerhalb der Gesetze, sondern die Freiheit vom Zwang des Gesetzes?

Könnte der Skepticismus mehr sein als die „Grimasse der Wissenschaft", wie Hermann Lotze sagt, dann müsste der philosophische Zweifler im stande sein, zu zeigen, inwiefern der Gedanke von der Möglichkeit einer unfehlbaren Wahrheit in sich unlogisch ist. Stuart Mill müsste wenigstens die Denkbarkeit einer gesetzlosen Erfahrung begreiflich machen, die Möglichkeit, wie, wir wollen sagen, die erste Schattenspur der absoluten Wahrheit, der Satz ‚Eins und eins sind zwei' sich „berichtigen" lässt.

Der Skeptiker besässe dann entweder eine Wissensform, welche den vielen Glaubensformen in Bezug auf das Denkideal überlegen wäre, welche gleichmässig über dem Begreiflichen der Wissenschaft und über dem Unbegreiflichen des Dogmas stünde, die man beiden als Massstab der Beurtheilung anzulegen hätte. Oder der Skeptiker ist nicht im Besitze von solch einer Wahrheitsform, und seine Aufstellung ist nichts weiter als eine Behauptung, ist nicht mehr als ein inhaltsloser Glaubensartikel.

Im ersten Fall hätte der Skeptiker seinen eigenen Standpunkt überwunden; im andern Fall ist Stuart Mills „Erfahrung" der Berichtigung durch eine nächstbeste gegentheilige Induction preisgegeben. In beiden Fällen aber hat der Skepticismus, ohne es zu wissen, gegen die schrankenlose Denkfreiheit Stellung genommen: er hat dem Philosophen eine gemachte Denknorm zur Orientirung vorgeschrieben.

Wohin wir uns denn auch wenden, wie die Kritiker des christlichen Standpunktes sich drehen mögen, die philosophische Berechtigung desselben ist unanfechtbar. Das Dogma des Kirchenglaubens der philosophischen Forschung, welche die absolute Wahrheit ja nicht hat, sondern sucht, zur negativen Norm geben, ist mit der Freiheit des wissenschaftlichen Denkens mindestens ebenso verträglich wie die Festlegung von Dogmen eines Privatglaubens, ohne die nicht einmal ein Skeptiker auszukommen weiss.

Davon will ich nichts sagen, dass das vaticanische
Concil eine negative Orientirungsnorm neben die
Freiheitsrechte der Sonderwissenschaften stellt, dass
dagegen die Meinungen z. B. des Monismus, des philosophischen Darwinismus, des Positivismus, des Agno-
sticismus, den Kriticismus selber nicht zu vergessen,
die Forschungsfreiheit des Historikers und Archäo-
logen, des Psychologen, Juristen, Mediciners u. s. f.
zum Theil durch arg einseitige Positionen einengen
möchten. Verschwiegen soll jedoch eines nicht sein!
Die christliche Philosophie erhebt im Hinblicke darauf,
dass die Wahrheit unser aller Rechtsgut und dass
das Suchen nach ihr unser aller Pflichtgesetz ist,
eine eminent wissenschaftliche und eine eminent frei-
heitliche Forderung, wenn sie im Gewoge des Denkens
der Gegenwart gleichen Raum, gleiche Luft und gleiches
Licht auch für sich in Anspruch nimmt.

Der Mann, welcher die „Geschichte des Materialis-
mus" geschrieben, wird vielfach das Haupt der Neokan-
tianer genannt. Das sind die Kritiker, so das Heil der
Philosophie von der Rückkehr zum Meister der Vernunftkritik erhoffen. Friedrich Albert Langes (1828—1875)
Hauptschrift entwickelt am Schluss in Schillerschen
Wendungen den Standpunkt des Erkenntnissideals.

Dem Menschengeiste wohnt, vergleichbar dem
Bautriebe, welcher in der Thierwelt Wunderwerke
schafft, eine geheimnissvolle Gestaltungskraft bei. Die
Kraft ist der Springquell alles Hohen und Heiligen.
Auf dem Boden der empirisch-logischen Erkenntniss
richtet sie einen Tempel auf. Geleitet wird das Bau-

vermögen von den übersinnlichen, den sittlichen, ästhe-
tischen und religiösen Ideen; sie sind der Ausdruck
der Einheitsbestrebungen, die in unserer Denkorgani-
sation liegen. In die Tempelhallen, welche die Ideen-
kraft des Geistes aufführt, setzt dieser seine Ideale, die
hehren, verklärten Wunschwesen, zu denen das Herz sich
flüchten kann, wenn es leidet in der harten Wirklichkeit.
So mag die Sehnsucht des Menschen ruhen in der
Idealwelt, die sie zur nothwendigen Ergänzung, als
harmonische Vollendung der Realwelt selber geschaffen.
So mag der Wille stille, so mag das Gemüth selig sein
in dem Zauberdunkel des Jenseits, das jede Menschenbrust in sich selber trägt, und dessen träumende Ruhe
kein Lichtstrahl des grellen Wissens schrecken darf.

Was will die Rede des Kriticismus? Der Menschengeist ist ein Zauberkünstler. Aus den Ideen, für die
Ideale von der Unendlichkeit und Unsterblichkeit baut
er in sich ein Heiligthum, und er erglüht dafür, obwohl er weiss, dass der Raum, welcher das Jenseits
umschliessen möchte, nichts als Bilder enthält; obwohl
er weiss, dass der Raum selber nur ein Symbol dar-
stellt, ein Symbol der Unaussprechlichkeit, von welcher
der Menschengeist eben ein Theilstück ist.

Lassen wir die Rede des Kriticismus! Für die
streng logische Analyse bestehen im Angesicht gei-
stiger Gebilde, des Gottesgedankens zum Beispiele,
zwei Möglichkeiten. Entweder entspricht den Ideen
und Idealen etwas ausser dem Geist; oder es entspricht ihnen nichts, sie sind Träume. Die eine oder
die andere Möglichkeit kurzerhand annehmen, ist ein
Fehlschluss, ist ein Denkfehler. Annehmen vollends,
die Schaffenskraft des Geistes sei eine grundlose Eigen-

schaft, der Geist selber sei ein Wesen, das im Nichts wurzelt, wäre die nicht ernsthaft zu deutende „Grimasse" des Denkens.

Ich will wahrlich nicht auf die Lehrautorität des Christenthums hinblicken, um mir von dort die Beweislast in philosophischen Dingen erleichtern zu lassen! Ich will mich wahrlich von keinem Autoritätsbeweis tragen lassen dort, wo nur der Vernunftbeweis etwas auszurichten vermag!

Worauf ich mich stütze mit logischer Gewissheit, mit philosophischer Sicherheit und jedem Kriticismus entgegen, das ist das Denk- und das Seinsgesetz, das Vernunft- und das Weltgesetz des Grundes.

Die wirkende Causalität gewahren wir, so weit das Reich des Seienden sich dehnt, und sie erleben wir in der Energie des eigenen Seins, in der leisesten Zuckung unseres Thätigkeitstriebes. Unter dem logischen Zwange des Causalitätsgesetzes stehen wir mit allen Regungen des Denkens, die sich durch die Warumfrage jedesmal in ein Wissenwollen, in die Frage nach dem Grund umsetzen lassen. Die Zumuthung, an die Möglichkeit eines grund- und ursachlosen Geschehens irgendwann und irgendwo zu glauben, lehnen wir als unwürdigen Denkzwang ab, weisen wir als wissenschafts- und freiheitsfeindlichen Aberglauben zurück.

In Kraft des Causalitätsgesetzes erhellt, dass keine Wirkung mehr enthalten kann, als die Summe ihrer Ursachen zu leisten vermag, und dass in der Ursache mindestens so viel Vollkommenheit vorhanden sein muss, als die Wirkung offenbart. So beweise ich, dass der Menschengeist nicht ein Zauberer ist, welcher die Ideen von der Seele und ihrer Freiheit, von Gott und seiner Ewigkeit aufsteigen lässt, um mit ihnen wie mit schillernden Seifenblasen zu spielen. Die Fähigkeit meines Geistes muss ihren Grund haben, wie der Geist selber den seinigen.

Ich erkläre es für das Vermögen und für die Pflicht d e r Philosophie, deren edelste und freieste Blüthe die christliche Wissenschaft ist, ich erkläre es für den Ehrenauftrag und für das Ehrenrecht der Philosophia perennis, in der Republik der Wissenschaften den Nachweis eines sechsgliederigen Satzes zu liefern:

1. Das Weltall dankt sein Dasein nicht einem unbegreiflichen Zufall in unvordenklicher Zeit, noch einer ewigen, undenkbaren Nothwendigkeit, sondern einer freien, schöpferischen Ursache.

2. Stoff und Geist, Empfindungslosigkeit und Empfindung, Tod und Leben sind nicht eins und dasselbe, sind auch nicht bloss dem Seinsgrade, sondern sind der Wesenheit nach verschieden.

3. Der Mensch, das Wesen mit Selbstbewusstsein und Selbstbestimmung, das Wesen, welches mit Freiheit sich selber besitzt, hat den Adel seiner Geistesnatur nicht vom Thiere geerbt; das Thier kann Vorzüge nicht vererben, die es thatsächlich nicht besitzt, niemals besessen hat und niemals erwerben wird.

4. Im Menschengeschlechte verwirklicht jedes Individuum eine und dieselbe Wesenheit; das Geschlecht hat den Beruf, über der natürlichen Seinsordnung, deren Grundplan schon im Bereiche des Todten und Vernunftlosen über sich hinausweist, das Reich des idealen Sollens, der sittlichen Freiheit, der religiösen Gemeinschaft aufzuerbauen; daran theilzunehmen, ist die Bestimmung aller Individuen.

5. Der Naturverfassung nach gleich, besitzen die Menschen jeder sein individuell abgestuftes Mass des Kennens und des Könnens, des Wollens, Habens und Sollens; innerhalb der menschlichen Gesellschaft gebietet ein „Fürstenthum von Gottes Gnaden", gebietet das Vorrecht des Besten, gelten die heiligen Gedanken und die heiligen Gewalten der Autorität für Familie, Staat und Kirche.

6. Das wahre Selbst des Menschen, weil an den Lebenshauch des Körpers nicht untrennbar gebunden und von dem Wechsel seiner Stofftheilchen unabhängig, kann sich mit dem letzten Hauche des Leibes nicht verflüchtigen; die Unsterblichkeit, die Ausgleichung zwischen Ideal und Wirklichkeit, zwischen Thaten und Erfolgen ist nicht ein blosser Gedanke, noch ein frommer Wunsch nur, noch ein leerer Hoffnungswahn.

Auf der Akropolis von Altathen stand das Wunderwerk der klassischen Baukunst. Dort, im Parthenon barg sich das Wunderwerk der antiken Plastik. Dieses, das Pallasbild von Phidias, war das Symbol des hellenischen Denkens, des hellenischen Gedankens in edelster Formenfreiheit.

Wenn der Burgberg von Athen verstäubt sein wird, wie Phidias' Elfenbeingestalt verweht ist, der Pallasgedanke wird dauern. Wenn das letzte Atom des Welttheiles, der Griechenland trägt, am Grunde des Oceans schwimmt, die Weisheitsfrage des Warum, die Unruhe des Denkens, die Seele der Wissenschaft wird nicht mit untergehen. Und wenn ein anderes Geschlecht von Wesen die verjüngte Erde bevölkert, die Frage: Warum? — Platos Verlangen, jede Erscheinung

an ihren Grund zu binden, wird dem neuen Denken
entgegengehen.

Das Causalgesetz ist der Gedanke des Ewigen,
nach welchem dieser frei sein Werk geschaffen, welchen
er seinem Werke eingeschaffen hat. Der grundsätz-
liche Zweifler will den Strahl des Sternes haschen,
um die Wahrheit vom Himmel zu reissen. Der Strahl
eilt dem irren Jagen voraus, unerreichbar!

Ich kann den Läugner fragen: Womit läugnest
du? Der Läugner muss sich fragen: Wie verneinest
du? Das „Warum?" lässt sich nicht wegfragen!

Dem Gesetze des Grundes folgend, will die Philosophie das letzte Ende an den ersten Anfang knüpfen.
Mag er das chemische Molekül nachzeichnen; mag er das
Zittern der Lichtwellen im fernsten Nebelflecke zählen;
mag er die Schwere des Kosmos oder des Atomes
wägen; mag er dem Springen des ersten Lebenspünkt-
chens zuschauen; mag er den Gedanken des Sittlichen,
der Schönheit, des Unendlichen denken — folgend
der Norm lückenloser Causalordnung sieht der Philosoph Schleier um Schleier sinken, schreitet er von
Erkenntniss zur Erkenntniss, ruht er mit ahnungs-
vollem Schweigen in dem Glauben, in dem platonischen und göttlichen Glauben:

„Das Gesetz nur kann euch Freiheit geben, die
„Freiheit, die gross und still sich beugt vor der Gott-
„heit, weil sie das Göttlichste, das Mass gefunden. . .
„Ihr werdet die Wahrheit erkennen, und die Wahrheit
„wird euch frei machen."